한국문화의 멋과 맛

한국문화의 멋과 맛

마석한 · 김호숙 공저 | 마솔화 그림

동문사

서문

문화란 기나긴 시간 속에서 생성과 변화를 거치면서 이어져 온 것이라 한마디로 정의 내리기 어렵다. 문화의 영역도 넓고 깊고 다양하여 글로 설명한다는 것도 쉬운 일은 아니다. 따라서 주관적인 한계가 있음에도 불구하고 나름대로 한국문화를 '최소한'으로 단순화해서 소개하고자 이 책을 준비하였다. 개인적인 판단이지만 '최소한'이란 '빼놓아서는 안 되는' 것이란 의미로 이해하면 좋겠다. 가장 핵심적이고 본질적인 것이라 생각되는 것을 간추려 3부로 나누어 구성하였다. 사례를 중심으로 이야기를 전개하면서 이미지와 사진을 함께 실었다.

1부는 한국문화의 핵심을 소개하고 있다. 하늘–땅–인간의 조화로움에 뿌리를 두고 있는 한국문화의 본질이 다양한 영역에서 어떤 모습으로 표현되고 있는지 살펴보았다. 또한 생활윤리의 바탕으로 삼고 있는 인의예지신이 문화와 일상적 삶 속에 어떻게 스며들어 있는지 찾아보았다.

2부는 대표적인 신화와 전설을 담았다. 주요 건국신화와 널리 알려진 옛이야기를 간단한 삽화와 함께 이야기 형식으로 꾸며보았다. 세상이 만들어진 천지창조 이야기부터 교훈과 흥미를 끄는 전설 일부를 골라보았다.

3부는 전통생활에 대한 이야기다. 한국 고유의 풍습이나 민속놀이 가운데 현재까지 이어져 오면서 널리 간직하고 있는 것을 계절별로 구분해서 소개하였다.

다양한 모습과 형식을 지닌 문화를 글로 풀어내는 데 분명 한계가 있다. 이해하기 쉽도록 노력하였으나 설명도 부족하고, '최소한'이라는 것도 개인적인 생각일 뿐이다. 그럼에도 천천히 여러 번 읽어보고, 그 내용을 실제 경험으로 보충해가면서 한국문화에 대한 이해를 넓혔으면 하는 바람을 해본다.

차 례

3부 한국의 세시풍속 113

1부

'우리'의 한국

한국 사람들은 대화할 때 '우리'라는 말을 많이 쓴다. '우리'는 자신을 포함한 여러 사람을 가리킬 때 쓰는 말이다. 뜻만 보면 한 사람이 아니라 둘 이상 여러 명을 나타낼 때 사용하는 것이 맞다. 그런데 한국에서는 자기 혼자를 가리킬 때도 '우리'라는 단어를 쓴다. 혼자 사는 집을 '나의 집'이 아니라 '우리 집'이라고 하고, 결혼한 배우자에 대해서도 '우리 남편', '우리 아내'라고 부른다. 분명히 남편도 아내도 한 명뿐이므로 문법적으로 틀린 표현인데도 자연스럽게 '우리'라고 한다. 왜일까?

'우리'라는 말에 담긴 한국적 정서 때문이다. 한국에서 '우리'는 단순히 사전에 있는 낱말 가운데 하나가 아니다. 한민족의 풍습이 담겨 있는 문화적 언어다. 예로부터 한국인들은 사회생활에서 지켜야 할 예의범절을 매우 중요시하였다. 항상 겸손한 마음으로 상대를 배려하고, 대화는 공손해야 하며, 친절과 양보로 대하는 태도가 공공생활의 기본자세로 강조되었다. 이런 까닭에 주변에서 한국을 '동쪽에 있는 예의 바른 나라'(동방예의지국)라고 부른다. 사회생활에서 반드시 지켜야 하는 이런 예절은 가족관계에서 비롯되었다.

한국에는 사회생활과 가정생활이 명확하게 구분되어 있지 않다. 바꿔 말하면 사회적 관계와 가족관계가 서로 밀접하게 연결되어 있다. 이를 잘 보여주는 것이 '호칭'이다. 한국에서는 상대를 부를 때 이름보다는 서로의 관계를 드러내는 명칭을 주로 사용한다. 이때 사용하는 명칭은 가족이나 친척 간에 부르는 호칭을 그대로 사용한다. 나이 차이와 성별을 바탕으로 자기 부모님과 비슷한 나이의 상대에게는 아버지 또는 어머니라 부르고, 약간 많은 윗사람에게는 아저씨 · 아주머니 또는 삼촌 · 이모라고 한다. 부모님보다 훨씬 나이가 많으신 어른에게는 할아버지 · 할머니라고 부르고, 비슷한 또래는 형 · 언니 · 누나 · 동생이라고 부른다. 이렇듯 한국 사회에서 '나'와 '너'가 모여 '우리'가 되고, '우리'가 되면 이는 곧 가족처럼 지내는 사이가 되는 것이다. 이웃에 사는 사람들도 아버지 형제자매의 아들 · 딸과 같은 '사촌' 친척으로 간주하여 '이웃사촌'이라 한다. 이렇듯 '우리'라는 말은 가족으로서 '하나(1)'가 되어 조화로운 삶을 함께한다는 뜻이 담겨 있는 문화적 언어가 되는 것이다.

이런 점에서 '우리=하나(1)=조화'는 한국문화를 이해하는 데 좋은 출발점이 될 수 있다. 우리 모두가 한마음 한뜻이 되어 사이좋고 평화롭게 어울리는 삶을 지향하는 '화(和)의 문화', 그것이 바로 한국 문화의 뿌리라고 하겠다.

1. 3의 KOREA

전통적으로 한국에서는 하늘과 땅 그리고 사람을 우주와 인간 세계를 구성하는 기본 요소라고 생각했다. 이 우주의 세 가지 근원을 '삼재'라고 불렀으며, 이 세 가지가 어우러져야 세상은 비로소 완성된 제 모습을 갖추게 된다고 믿어왔다. 하늘을 한 글자로 '천(天)', 땅은 '지(地)', 사람은 '인(人)'이라고 하는데, 이 천 · 지 · 인 삼재가 한데 모여야 세상이 완성된다는 의미에서 숫자 '3'은 '완성'이란 뜻을 갖게 되었다.

'완성'이라는 뜻을 담아 한국 사람들은 '삼세번'이라는 말을 자주 한다. 무언가에 도전할 때나 게임을 할 때 많이 사용한다. 이는 '무엇을 하든 적어도 세 번은 해야 성공이든 실패든 인정할 수 있다'는 것이다. 한 번의 실패로 포기하는 것이 아니라 최소 3번은 시도해보고 그때 뜻대로 되지 않으면 다른 길을 찾는다는 것이다. 경기를 할 때도 한 번 패배는 실수나 우연일 수 있으니 세 번 겨루어 보고 지면 그때서야 패배를 인정하고 물러난다는 태도다. 3번을 실패하거나 패배하면 비로소 승부가 '완성'된 것으로 간주하는 것이다.

이와 함께 숫자 '3'은 '생명'이라는 뜻도 담고 있다. 예로부터 한국 사람은 숫자 1은 남자를, 숫자 2는 여자를 상징하는 것으로 생각했다. '1'의 남자와 '2'의 여자가 만나 결혼을 해서 아기를 낳으면 숫자 1과 2를 합쳐져 새로운 생명 '3'이 탄생한 것이라 생각했다. 이에 따라 숫자 '3'은 새로이 탄생한 '생명'을 의미하게 되었고, 이로써 하나의 가정이 완성되었다고 보았다. 따라서 '3'은 '완성'이라는 뜻과 함께 '생명의 탄생'이라는 상징적 의미도 갖게 되었다.

하늘과 땅 그리고 인간이 모여 새로운 세상을 만들고 그곳에서 서로 조화를 이루면서 완성된 삶을 누리려는 희망이 '3'이라는 숫자에 담겨 한국문화 전반에 자리하고 있다.

조화의 리더, 왕(임금)

옛날에 나라를 다스리던 최고 지도자를 '왕'이라고 했다. '왕'의 한자어는 '王(왕)'인데, 글자의 모양은 '一' 3개와 'ㅣ' 1개로 되어 있다. 맨 위에 '一'는 하늘을 말하고, 맨 아래의 '一'는 땅을 가리키고, 가운데 있는 '一'는 사람을 뜻한다. 위로부터 차례로 보면 '三'은 하늘–인간–땅을 표시한다. 그리고 이 셋의 가운데에 'ㅣ'가 더해지면서 나라를 다스린다는 뜻을 가진 '왕'이라는 글자가 완성되었다. 뜻을 보면 '하늘과 땅과 사람을 하나로 연결해주는 자', 즉 서로 조화롭게 어우러지도록 이끄는 자가 된다. 다른 사람들을 '지배하는 리더'가 아니라, 모두가 평화롭게 어울려 살 수 있도록 '조화를 살피는 리더'를 말하는 것이다.

一 하늘
一 사람 + ㅣ = 王(임금)
一 땅

왕과 같은 뜻을 갖는 단어로 'king'이 있다. 사전적으로 나라를 다스린다는 뜻은 같지만, 지도자의 역할이나 자질을 비교해보면 두 단어 사이에는 큰 차이가 있다. 왕을 가리키는 말로 라틴어의 Rex, 프랑스어의 Roi, 영어의 King, 독일어의 Könnig가 있다. 이는 모두 'canning'에서 비롯된 말로, 어떤 일을 능률적으로 할 수 있는 '힘의 소유자'라는 뜻을 담고 있다. 강력한 힘을 바탕으로 절대적 권력을 행사하는 리더인 것이다. '조화'를 찾으려는 '왕'과 '힘'을 바탕으로 지배하려는 'king'이 서로 같을 수는 없다. 이런 차이는 각 나라의 문화 배경이 서로 다르기 때문이라고 볼 때, 한국의 정치문화는 '힘'이 아닌 '조화'를 바탕으로 하고 있음을 알 수 있다.

선비와 농부 그리고

하늘과 땅은 사람의 생존을 가능하게 해주는 자연환경이다. 하늘은 빛을 비춰주고 땅은 우리에게 먹거리를 제공해준다. 차가운 어둠 속에서 느끼는 두려움과 추위에서 벗어나게 해주는 것이 하늘이고, 땅은 곡식을 재배하고 집을 지을 수 있는 터를 마련해준다. 이처럼 사람이 생명을 이어가는 데 하늘과 땅의 도움이 절대적이지만, 햇볕과 비를 내려주는 하늘은 인간 생존을 위한 최우선의 자연조건이다. 따라서 자연 가운데서도 하늘이 가장 으뜸이고, 땅이 그다음으로 중요하였다.

옛날 한국에는 크게 4종류의 직업이 있었다. '사 · 농 · 공 · 상'이 그것이다. '사(士)'는 '선비'를 말하는 것으로, 공부를 많이 한 지식인이다. 이들은 하늘의 원리를 파악하여 왕을 도와 백성을 다스리는 역할을 하였다. '농(農)'은 '농부'로 곡식, 채소, 과일 같은 농작물을 심고 기르

선비

고 거두는 일을 맡아 하던 사람을 말한다. '공(工)'은 특별한 기술을 가지고 물건을 만드는 사람을 뜻하는데, '장인'이라고도 부른다. '상(商)'은 '상인'이라고 부르는 사람들로, 장사하는 사람이다.

'사-농-공-상' 가운데 가장 높은 대접을 받는 직업은 선비(사)고, 다음이 농사를 짓는 농부(농)고, 이어서 물건을 만드는 기술자(공)이며, 장사를 하는 상인(상)은 가장 낮은 대접을 받았다. 직업에 따라 높고 낮음이 매겨진 이유는 자연, 즉 하늘/땅과 직업이 어떤 관계를 맺고 있는지에 따른 것이다.

지식인(사)은 세상이 어떻게 돌아가는지를 배우는 사람이다. 옛날 한국인들은 세상일이 하늘의 뜻에 따라서 움직인다고 보았기 때문에 지식인은 하늘의 뜻이 무엇인지 공부하고, 그 뜻에 따라 왕을 도와 백성들이 편안하게 살아가도록 이끄는 사람이라고 생각한 것이다. 한마디로 지식인(사)은 '하늘'과 관련된 일을 하는 사람이었던 것이다.

농부(농)란 땅에 곡식을 심고 가꾸어서 먹을거리를 생산하는 사람이므로, 땅과 관계를 맺고 살아가는 사람이다. 기술자(장)는 땅속에서 재료를 얻어서 자신의 기술로 다듬고 고치는 사람이다. 장인도 땅과 관계는 있지만, 농부만큼 직접적이지는 않기 때문에 농부 다음에 위치하는 직업이었다.

농부와 장인

보부상 또는 옛 상인

장사꾼(상)은 하늘이나 땅과 가장 관계가 적은 직업이다. 농부가 키운 농작물이나 기술자(공)가 만든 생산품을 여기저기 다니면서 팔아 이득을 남겨 먹고사는 사람이기 때문에 하늘이나 땅과 관계 맺는 일이 거의 없

다. 따라서 4종류의 직업 가운데 가장 낮은 대우를 받았다. 결국 '천지인(하늘-땅-인간)'의 조화를 강조하는 한국문화의 특징이 직업관에도 그대로 담겨 있다고 하겠다.

동그라미와 네모

한국에서 하늘과 땅이라 하면 떠올리는 이미지가 있다. 하늘은 둥글고 땅은 네모 모양을 하고 있다고 상상했다. 둥글다는 말은 원이나 공과 같은 모양뿐만 아니라, 모나지 않아 부드럽고 원만함을 나타낼 때도 사용한다. 네모, 특히 정사각형은 네 변의 길이가 똑같아 어느 한쪽으로도 기울거나 치우치지 않아 고르다, 공평하다는 뜻을 암시한다. 하늘과 땅은 인간이 살아가는 자연 공간이다. 따라서 원만하고 공평한 세상에서 살고자 하는 인간의 소망을 둥근 하늘과 네모의 땅으로 그려낸 것이다.

옛날에 한국에서 사용하던 동전을 '엽전'이라고 한다. 이 엽전을 보면 둥근 겉모양에 가운데 네모난 구멍이 뚫려 있다. 바로 하늘과 땅을 뜻하는 모양을 하고 있다. 동전의 이름은 '동국통보' 또는 '상평통보'였다. 동국은 동쪽 나라, 즉 오늘날 '대한민국'을 가리키고, 통보는 사방으로 널리 퍼져가는 보물이라는 뜻이다. '동쪽 나라에서 사방으로 골고루 쓰이는 보물'로서 동전을 이해하고 있었던 것이다. 상평통보도 동국통보와 마찬가지로 '널리 공평하게 쓰이는 보물'의 역할을 하고 있는 것이다.

대부분 권력자의 초상화가 새겨진 서양의 동전과 비교해볼 때 큰 차이를 확인할 수 있다. 정치에서와 같이 하늘과 땅의 조화로운 기운을 받아 원만하고 공평한 경제생활을 추구하였던 것이다.

> 생김새를 보면 몸은 둥글고 구멍은 네모난데,
> 둥근 것은 하늘을 본뜬 것이고
> 네모난 것은 땅의 모양입니다.
> 이것은 (하늘과 땅처럼) 만물을 완전하게 덮고
> 받쳐주는 것을 상징합니다.
> 의천(1055~1101)

둥글고 원만한 하늘과 공평한 땅의 조화로움을 추구하는 삶의 모습은 문화유적 곳곳에서 찾아볼 수 있다. 서울 종로에는 옛날 한국 사람들이 제사를 지내던 곳이 있다. 제사란 돌아가신 조상신에게 음식을 차려 놓고 주기적으로 정성을 나타내는 의식을 말한다. 조상에게 감사 인사를 올리고, 아무 탈 없이 편안하고 건강하게 지낼 수 있도록 보살펴 줄 것을 기원한다. 제사는 각 가정에서뿐만 아니라 나라에서도 지냈다. 나라의 평화와 번성을 기원하며 왕이 직접 주관하는 제사는 환구단(圜丘壇)과 사직단(社稷壇)에서 치러졌다.

환구단의 '환'은 '둥글다'는 뜻이고, '구'는 '땅보다 약간 높은 곳'을 가리키며, '단'은 '흙이나 돌을 쌓아 높고 고르게 만든 자리'를 말한다. '환'과 같은 뜻을 가진 '원(圓)'이라는 말을 써서 환구단을 원구단이라고 부르기도 한다. '환' 또는 '원'은 말뜻에 따라 둥근 것, 즉 하늘을 지칭하는 것이다. 따라서 환구단은 왕이 하늘에 제사를 지내던 장소였던 것이다. 하늘과 관련된 곳이므로 이름도 환구단이고, 그 모습도 원

형을 띠게 된 것이다.

소실된 환구단의 옛 모습

환구단과 더불어 사직단도 국가에서 제사를 지내던 곳이다. '사'는 토지의 신을 말하고, '직'은 곡식의 신을 뜻한다. 두 신을 모셨던 사직단은 사단과 직단을 따로 배치하여 땅의 신과 곡물의 신에게 제사를 지냈다. 동서쪽으로 두 개의 단을 설치하였으나 전체를 둘러싼 담은 사각의 모양을 하고 있다. 곡식을 심고 가꾸는 일은 땅에서 이루어지는 것이고, 땅의 생김새는 네모로 표현했으므로, 사직단 전체 모습이 사각으로 되어 있는 것이다.

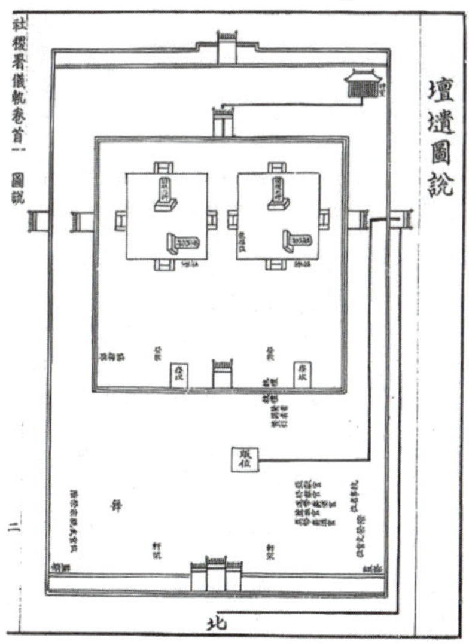

사직단의 모습

둥근 하늘과 네모진 땅의 조화를 기초로 한 한국문화의 특성은 연못과 정자에서도 확인할 수 있다. 연못은 넓고 깊게 파인 땅에 물이 고여 있는 곳이고, 정자(亭子)는 산과 물이 있는 곳에 주변 경치를 감상하기 위해 지은 작은 건물이다. 뛰어난 풍경을 가진 곳에 연못과 정자를 함께 짓고 놀이와 휴식 공간으로 사용하였다. 보통 정자는 연못 한가운데 자리하고 있는데 연못 모양을 보면 정사각형으로 되어 있고, 정자가 있는 곳은 둥근 원형의 모습을 하고 있다. 연못을 네모나게 한 것은 물을 품고 있는 땅을 뜻하는 것이고, 둥근 원형의 정자는 하늘을 표현한 것이다. 따라서 사람이 하늘과 땅, 즉 자연과 어우러져 편하게 쉬는 장소를 시각적으로 나타낸 것이다.

서울 경복궁에 있는 '향원정'은 천지인의 조화를 꾀하려는 한국 문화의 고유한 특성을 잘 보여주고 있다.

향원정

2. 한국의 멋

한글의 멋

세계 문자 가운데 유일하게 한글만이 글자를 만든 사람과 세상에 널리 알린 날짜가 정확하게 알려져 있다. 옛날에 한국은 중국의 문자인 한자를 써왔다. 하지만 한자는 매우 어려워서 백성들은 글을 읽거나 쓰지 못했다. 1443년 세종대왕이 '훈민정음'이라는 이름으로 누구나 쉽게 배울 수 있는 문자를 만들었다. 훈민정음이란 '백성을 가르치는 바른 소리'라는 뜻으로, 글을 읽거나 쓰지 못하는 백성들이 쉽게 배울 수 있도록 만들었다는 것이다.

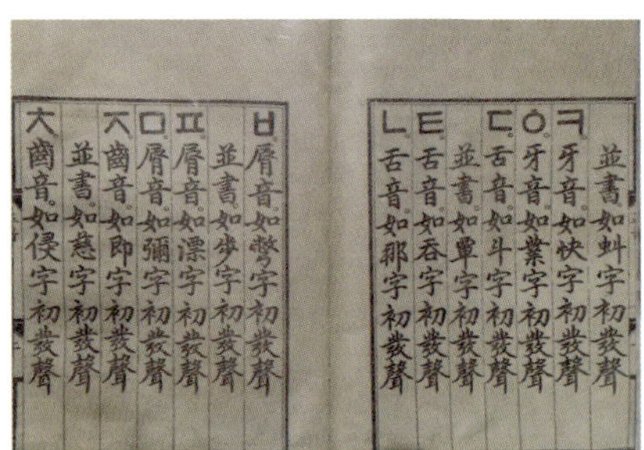

세종대왕과 훈민정음

한글에도 하늘–땅–인간의 조화라는 생각이 밑바탕에 깔려 있다. 하늘은 'ㅇ', 땅은 'ㅡ', 그 사이에 인간은 'ㅣ' 서 있다. 이 세 가지 상징

기호가 서로 결합하면서 한글은 출발했다. 'ㅇ'과 'ㅡ' 그리고 'ㅣ'이 서로 조화롭게 만나면서 기본 글자가 만들어진 것이다. 한글을 만든 원리는 세 가지로 정리해볼 수 있다.

회전의 원리

한글 글자를 만드는 첫 번째 원리는 '회전'이다. 하나의 글자를 옆으로 돌려서 다른 글자를 만드는 것이다. 예를 들어, 'ㄱ'은 회전하면 'ㅅ'이 되고, 조금 더 돌리면 'ㄴ'이 만들어진다. 'ㅏ'를 돌리면 'ㅗ'와 'ㅜ'가 된다. 이처럼 한글의 글자는 한 글자를 중심으로 좌우로 작게 또는 크게 돌리면 새로운 글자들이 만들어지는 원리를 갖고 있다.

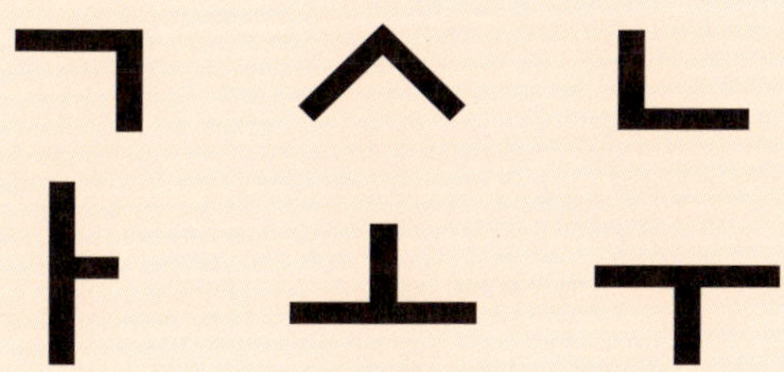

〈회전의 원리〉

가획의 원리

'획'이란 줄 또는 선을 말하고, '가'는 '더하다'는 뜻이다. 그래서 '가획'이란 글자에 줄을 하나 더 긋는 것을 말한다. 'ㄱ'에 줄을 하나 더 그으면 'ㅋ'이 되고, '아'에 획을 더하면 '야'가 되는 원리다. 이처럼 한글은 기본 글자에 '획'을 하나 보태서 새로운 글자를 만들도록 되어 있다. 이것을 가획의 원리라고 한다.

ㄱ ㅏ ㄴ

ㅋ ㅑ ㄷ

〈가획의 원리〉

조합의 원리

‘조합’이란 여러 개를 질서 있게 하나로 모으는 것을 말한다. 위에서처럼 회전과 가획의 원리에 따라 글자를 만든 다음 두 개 이상의 글자를 모아서 소리가 나도록 만드는 것이 ‘조합의 원리’다. ‘ㄱ’과 ‘ㅏ’를 조합해서 ‘가’라는 소리를 만들고, ‘ㄴ’과 ‘ㅜ’를 하나로 모으면 ‘누’라는 글자가 완성된다.

ㄱ ㅏ 가

ㄴ ㅜ 누

〈조합의 원리〉

읽는 그림, 한국화

한국의 옛 지식인들은 자기의 감정을 글이나 그림으로 표현하는 것을 필수적인 교양으로 여겼다. 종종 일상생활에서 벗어나 아름다운 자연 속에서 서로 글을 주고받거나, 그림을 감상하면서 여유를 즐겼다. 글을 쓰거나 책을 읽을 때 사용하는 학용품을 문방구라 하였다. 특히 종이, 붓, 먹(벼루에 물을 붓고 갈아서 글씨를 쓰거나 그림을 그릴 때 사용하는 검은 물감), 벼루(먹을 가는데 쓰는 문방구)는 선비들이 항상 곁에 두어야 할 네 벗, 소위 '문방사우'라 하여 중요하게 여겼다.

한국화는 먹의 효과를 활용하여 대상을 그려내는 수묵화와 먹과 색을 적절하게 섞어 쓴 채색화로 구분된다. 한국화의 경우 붓과 먹을 사용하는 방법과 붓에 묻힌 물기의 많고 적음에 따라 대상의 표현을 다양하게 할 수 있으며, 그림 전체의 느낌이나 분위기도 달라진다.

수묵화와 채색화

먹이 여섯 가지 색을 띤다.
칠하지 않으면 희고, 칠하면 검고,
바짝 마르거나 축축하고, 진하거나 옅은 게 먹빛이다.

한국의 옛 화가들은 사물을 있는 그대로 그리려고 하지 않았다. 사실적으로 재현한 그림은 오히려 그다지 높이 평가받지 못했다. 그림의 가치는 닮았느냐 안 닮았느냐에 있는 게 아니라 그리려는 대상의 정서를 표현하는 데 있다고 생각했기 때문이다. 그리려는 사물의 특성을 살펴 그것이 인간에게 주는 상징적 의미를 알려주는 것이 그림의 역할이라고 생각한 것이다. 따라서 감상할 때는 그림 자체가 아니라 숨은 의미를 찾으려는 노력이 필요하다. 예로부터 '그림은 보는 것이 아니라 읽는 것'이라고 하는데, 이 말은 겉으로 드러나지 않는 의미를 깊이 생각해서 읽어내라는 뜻이다.

옛 그림을 하나 읽어보자. 여름을 대표하는 곤충 매미는 알→애벌레(구더기)→성충으로 일생을 보낸다. 애벌레에서 성충이 되기까지 3~7년 정도를 땅속에서 지낸다. 긴 시간을 견디고 나서 여름 어느 날이 되면 땅을 뚫고 나와 허물을 벗고 매미가 된다. 보통 보름 정도 살려고 길고 긴 세월을 어두운 땅속에서 기다린다. 매미는 한국의 옛 그림에 주인공으로 자주 등장하는데 그것은 매미가 주는 이미지 때문이다. 긴 세월을 기다려 성충이 되는 모습에서 인내의 미덕을 떠올린 것이다. 관직에 올라 출세를 꿈꾸는 자는 묵묵히 공부하며 때를 기다릴 줄 아는 인내심이 필요하다는 점을 매미에 빗대어 말하고 있는 것이다. 그래서 매미 그림은 주로 학자의 방에 걸려 있었다고 한다. 매미가 아니라 매미의 이미지를 읽어야 하는 것이다.

매미는 다섯 가지 덕을 상징하기도 한다. 머리가 곧게 뻗고 무늬(文)가 있어 학식이 있고, 이슬만 먹고 사니 깨끗함(淸)이 있고, 사람이 가꿔놓은 곡식이나 채소를 훔쳐 먹지 않으니 청렴함(廉)이 있고, 집을 짓고 살지 않으니 검소함(儉)이 있고, 자기가 사는 계절을 지키며 떠날 때를 맞춰 물러나니 믿음(信)이 있다는 것이다.

겸재의 〈송림한선〉

꽃을 그릴 때도 꽃의 화려함보다는 꽃의 내면을 보고자 하였다. 예를 들어 국화 그림에서도 국화꽃 자체에 주목한 것이 아니라 국화에서 지혜를 얻고자 하였다. 일찍 심어 늦게 피는 특성 때문에 국화를 장수의 상징으로 보기도 하고, 성실하고 인내하는 군자의 덕(德)을 지닌 것으로 생각했다. 서리를 이겨내고 꽃을 피우니 선비의 굳건한 의지(志)를 깨닫게 하며, 물 없이도 꽃이 피니 가난한 선비의 '기백(氣)'이 있다고 하여 국화의 세 가지 가르침(三倫, 덕 · 지 · 기)이라 하였다.

장승

옛사람은 마을의 입구는 사람들뿐만 아니라 복이나 귀신도 드나든다고 여겼다. 그래서 마을 입구에 장승을 세워 안으로 들어오는 부정과 잡귀를 막아 마을을 평온하게 만들고자 하였다. 때로는 마을 사람들의 소원성취를 기원하는 신앙의 대상이 되기도 하였다. 장승은 돌이나 나무 기둥에 무사(무술을 익힌 사람), 장군, 역사(힘이 센 사람), 문수(문을 지키는 사람)를 나타내는 얼굴을 그리거나 조각한 것으로 마을 입구에 세워 두었다. 몸통 아래에는 무슨 역할을 하는 장승인지 알려주는 글을 적었고, 길의 방향을 표시해 놓았다. 마을에 닥칠 불행한 일을 막아낼 수 있도록 무서운 얼굴을 하고 있다.

장승은 지역에 따라 나무나 돌로 만드는데 남쪽에는 돌장승이, 북쪽에는 나무장승이 중심이 되었다. 나무나 돌기둥에 사람의 얼굴 형태를 입체감 있게 조각하고 그 아랫부분인 몸체에는 천하대장군, 지하여장군 등의 이름이 새겨져 있으며 보통 남녀가 짝을 이루어 마주 보고 서 있다. 특히 얼굴에 표현된 툭 불거진 왕방울만 한 눈과 주먹

나무장승

코, 수염, 그리고 송곳니를 드러낸 입 모양 등은 기괴하면서도 익살스러운 맛이 동시에 느껴지며 단순하고 거칠게 조각함으로써 생동감을 보여준다.

돌장승

3. 한국의 맛

자연환경과의 조화를 통해 형성된 공동 생활양식을 문화라고 한다. 인간이 환경에 적응하는 방식이 지역에 따라 다르기 때문에 문화 또한 지역에 따라 각기 다를 수밖에 없다. 음식 또한 자연과 끊임없이 만나면서 하나하나 쌓여온 문화적 산물이다. 따라서 자연적 조건에 따라 어떤 재료로 어떻게 요리하는지도 다르고, 음식에 대한 인식과 이를 대하는 태도에도 차이를 보인다. 따라서 한 사회의 음식문화를 살펴보는 것은 그 사회 구성원의 자연관 및 생활관을 이해하는 데 도움이 된다.

음식 생활문화는 기후 · 지질 · 강수 등의 자연적 조건에 따라 큰 영향을 받는다. 한국은 온대기후 지역에 위치하여 사계절이 분명하므로 각 계절마다 나는 재료로 만든 '제철음식'이 발달하였다.

한식은 기본적으로 주식과 부식이 함께 차려진 상차림을 특징으로 한다. 주식은 끼니때마다 주로 먹는 음식이고, 부식은 주식에 곁들여 먹는 음식이나 반찬을 말한다. 밥이 가장 일반적인 주식이고 그다음으로 국수 종류를 즐겨 먹는다. 부식으로는 국 · 찌개 · 나물 · 김치 등이 있다.

'중국 음식은 불맛, 일본 음식은 칼맛, 한국 음식은 손맛'이라는 얘기가 있다. 중국 음식은 강한 불에서 볶거나 튀기는 음식이 많고, 일본 음식은 물고기를 익히지 않고 칼로 작고 얇게 썰어서 먹는 것이 많아 칼질이 음식맛을 내는 데 중요하다. 한식에는 손으로 직접 버무리거나 섞어서 무치는 음식이 많다 보니 손맛이 중요하다.

'밥상머리교육'이라고 하여 온 가족이 함께 밥을 먹는 자리에서 인성과 예절을 교육하기도 하였다. 특히 식사할 때 예절이 중시되었고, 그 가운데 많은 부분이 지금도 유지되고 있다. 나이 많은 연장자가 먼저 숟가락을 들 때까지 기다리는 것이 예의이며, 술을 따르거나 받을 때는 술병이나 술잔을 두 손으로 들어야 한다. 술을 마실 때는 연장자가 앉아 있는 반대편으로 몸을 약간 돌리고 마시도록 되어 있다.

밥이 보약이다

과거 한국에서는 농업이 경제의 기반이었다. 불과 반세기 전까지만 해도 곡식을 심고 기르고 거두어 생계를 이어왔다. 쌀과 보리 등을 주식으로 삼고, 땅에서 나는 채소나 과일 등을 곁들여 먹고 살았다. '농사는 하늘이 짓는다'라는 말에서 보듯 농사는 햇빛과 빗물의 도움이 절대적으로 필요한 일이다. 따라서 농업을 생업으로 삼았던 한국인은 자연을 겸손하게 받들고 적응하려고 꾸준히 노력하며 살았다.

한국인은 자연과 사람, 음식과 몸의 조화를 중요시 생각하여 '신토불이'라는 말을 자주 사용한다. 신토불이란 '몸과 땅은 둘이 아니고 하나'이기 때문에 자기가 사는 땅에서 심고 자란 농산물이라야 몸에 잘 맞아 건강할 수 있다고 생각하는 것이다. 이에 계절과 지역의 특성을 반영한 제철음식과 향토음식이 발달하였다.

한국 음식문화의 가장 큰 특징은 '식약동원(食藥同源)'이라고 하겠다. 먹는 음식과 치료약이 그 근본에 있어 같다는 것이다. 다시 말해 음식과 약의 재료가 똑같다는 것이다. 한국 전통 음식의 재료는 모두 자연에서 얻는 것이고, 이것들은 약을 짓는데도 쓰인다. 땅에서 자라는 풀을 삶거나 볶고 또는 날것으로 양념하여 무친 음식을 나물이라고 하는데, 나물의 재료인 풀들이 약초로써 병을 치료하는 데도 이용되고 있다. '음식=약'이라는 특징은 음식 이름에서도 확인할 수 있다. 산에서 내려오거나 샘에서 솟아나는 물처럼 자연에서 얻는 물은 약효가 뛰어나다고 하여 약수(藥水)라고 부른다. 찹쌀에 대추 · 밤 · 잣 등을 섞어 만든 건강식을 약밥 또는 약식이라 부르고, 곡물을 발효시켜 만드는 전통술도 순하고 몸에 좋다 하여 약주(藥酒)라고 한다. 음식 맛을 더하기 위해서 넣는 '양념'도 '약념(藥念)'이란 말에서 비롯된 것이다. 건강을 고려해서 부족한 영양분을 보충하고자 '약'처럼 넣어 먹는다고 생각했기 때문에 이름을 약념이라고 지었던 것이다. 이 약념이 후에 발음이 순화되어 양념이라 부르게 되었다. 이렇듯 한국에서는 예로부터 음식은 몸을 살리는 약으로 간주되었던 것이다. 이러한 식약동원을 가장 적확하게 표현한 문구가 바로 '밥이 보약이다'일 것이다.

밥과 사계절

한국의 한 끼 식사는 기본적으로 밥, 국, 반찬 그리고 마실 것으로 이루어졌다. 밥은 쌀이나 보리 같은 곡식에 물을 붓고 알맞게 끓여 익힌 것으로, 아침 · 점심 · 저녁 식사 때마다 주로 먹는다. 국은 물에 고기나 생선 또는 채소 등을 넣고 된장이나 고추장을 풀어 끓여 먹는다. 반찬은 밥에 곁들여 먹는 것으로 그 종류가 매

우 많다. '반'이란 식사를 뜻하는데, 반찬을 줄여서 '찬'이라고도 한다. 마실 것은 대부분 물인 경우가 많으나, 곡물로 만든 술을 음료수 대신 마시기도 했다. 입맛을 좋게 하거나 소화를 돕기 위해서 한두 잔 마시는 것으로, 밥과 함께 마시는 술이라는 뜻으로 '반주'라고 부른다. 지금도 식사 때 반주를 즐기는 사람이 많다.

한식은 밥과 반찬, 국 또는 찌개 등을 기본으로 하여 일 년 4계절의 특징을 고루 담아서 조화로운 식사가 되도록 차렸다. 조화로운 식사란 음식에는 계절이 담겨야 하고, 계절을 담는다는 것은 음식의 온도를 계절에 맞춘다는 것으로 이해할 수 있다. 따라서 상차림은 사계절 온도에 맞춰 '밥은 봄처럼, 국은 여름처럼, 장은 가을처럼, 술은 겨울처럼' 준비한다. 봄은 따스하고, 여름은 뜨겁고, 가을은 서늘하며 겨울은 춥다. 이런 계절적 특성에 따라 '밥은 봄처럼 따뜻하게, 국은 여름같이 뜨겁게, 장은 가을같이 서늘하게, 술(반주)은 겨울처럼 차게 해

밥상

서' 먹고 마시라는 것이다.

특히 손님에게 내놓는 밥상은 사계절 특성이 고루 담기도록 각별히 신경을 쓴다. 무엇보다 '밥은 봄같이'라는 원칙은 반드시 지켜야 한다. 어느 식당, 어떤 식사라도 밥은 반드시 따뜻하게 준비해야 한다. 식은 밥을 내놓는 것은 손님에 대한 기본 예의에 어긋나는 것으로 절대 해서는 안 된다. 흔히 '찬밥신세'라는 말을 많이 하는데, '찬밥신세'라 하면 제대로 대접받지 못했거나 무시당했음을 표현하는 말이다. 이렇듯 자연과의 조화를 갖춘 한 끼 식사, 이것이 한국 음식 문화다.

제철음식과 음식궁합

자연과의 조화를 강조하는 음식문화의 특징은 '제철음식'에도 나타난다. 특정 계절에 나는 곡식이나 채소 따위를 재료로 해서 만든 음식을 제철음식이라고 한다. 사계절이 있는 한국에서는 계절마다 즐겨 먹는 음식이 따로 있다. 계절마다 자연이 주는 재료가 다르기 때문에 시기별로 다른 다양한 음식을 즐긴다. 봄에는 풀이나 나무의 싹과 잎 또는 그것을 재료로 만든 나물을 즐겨 찾는다. 산이나 들에서 나는 나물에 양념을 넣어 반찬으로 먹기도 하고, 밥에 비벼서 비빔밥으로 먹기도 한다. 봄나물 가운데 가장 즐겨 찾는 것은 냉이, 달래, 쑥 등이 있다.

여름에는 날씨가 더워 기운이 없고 입맛도 떨어져 몸을 보호하고 기운을 북돋아 주는 음식을 찾는다. 이러한 음식을 '보양식'이라고 하는데, 여름에 가장 즐겨 먹는 보양식은 '삼계탕'이다. 닭과 인삼, 대추, 찹쌀 등을 넣어 푹 삶은 음식으로 더운 여름철에 주로 먹는다. 여름철 가장 더운 때를 초복, 중복, 말복이라고 한다. 이들을 합쳐 삼복이라고 하는데, 이 삼복더위 때마다 삼계탕을 끓여 먹는다. 더운 여름에 뜨거운 삼계탕을 먹는 것은 몸의 온도를 외부와 비슷하게 하여 더위에 적응하려는 것이다. 몸 안과 밖에 온도 차이가 크면 변화에 적응하는 것이 어려워 몸에 무리가 따르기 때문에 열은 열로써 다스려 더위를 물리치려는 것이다.

생선과 해산물이 많이 잡히는 가을에는 어류를 즐겨 찾는다. 전어와 대하 그리고 꽃게가 대표적인 가을 음식 재료다. 바닷물고기인 전어는 작고 얇게 썰어 날로 먹기도 하고, 불에 구워서도 먹는다. 새우의 일종인 대하는 바닥에 소금 깔고 그 위에 놓고 구워서 먹고, 보래나 모래진흙 바닥에 사는 꽃게는 찌거나 양념을 넣어 끓여서 먹는다.

겨울이면 김장김치가 떠오른다. 김치는 소금에 절인 배추나 무를 고춧가루, 파, 마늘 따위의 양념에 버무린 뒤 발효시킨 음식이다. 추운 겨울 동안 먹기 위해 한꺼번에 많이 담가서 겨우내 먹는 김치가 김장김치다. 늦가을 소금을 뿌려둔 배추를 물에 씻어 가늘게 썬 무와 함께 버무려 배춧잎 사이에 속을 집어넣어 만든다.

모든 음식은 자연에서 얻은 재료로 만든다. 자연은 계절마다 서로 다른 식재료를 제공해준다. 그에 따라 제철음식이 발달하게 되었고, 같은 재료를 사용하는 음식과 약은 서로 다를 바 없으니 제철음식도 약의 역할을 함께 했다. '제철에 따라 병이 오고, 계절에 따라서 치료제가 온다'는 옛말 그대로 제철음식은 치료약이자 예방약인 것이다. 따라서 제철음식을 즐기는 것은 단순히 입맛을 돋우기 위해서만이 아니라 건강한 몸과 마음을 위한 영양제를 복용하는 것과 같은 것이었다.

음식궁합도 조화를 추구하는 한국 음식 문화의 특징 가운데 하나다. 원래 궁합이란 결혼을 앞둔 남녀가 부부로서 같이 살기에 좋은지 나쁜지를 알아보는 일을 말한다. 좋으면 '궁합이 맞는다' 하고, 서로 어울리지 않으면 '궁합이 안 맞는다'고 한다. 이 말을 음식에 적용해서 같이 먹어서 좋은 음식과 해로운 음식을 구분하는 것, 이것을 음식궁합이라고 한 것이다. 다양한 먹을거리를 차려 놓고 먹는 한국 식탁에서 함께 먹으면 맛이나 영양이 좋은 것이 있고 나쁜 것이 있을 수 있다. 이것을 가려서 어울리는 것끼리 맞춰서 먹는 풍습이 한국의 독특한 음식문화라고 하겠다. 돼지고기와 새우젓, 냉면과 식초, 닭고기와 인삼, 딸기와 우유 등이 대표적으로 궁합이 맞는 음식이다.

음과 양 그리고 오행

둘이 모여 한 쌍을 이루는 것을 '짝'이라고 한다. 세상에는 짝으로 이루어져 있는 것이 많다. 하루는 낮과 밤으로 이루어졌고, 낮은 태양이 비춰주어 밝고, 밤은 햇빛이 없어 어둡다. 낮에도 해가 닿는 곳은 환하고, 해가 닿지 않는 그늘은 어둡다. 태양이 비추는 낮과 양지는 따뜻하고 밝으며, 그늘과 밤에는 서늘하고 어둡다. 이처럼 밝고 따뜻한 것을 '양'이라고 하고, 어둡고 서늘한 것을 '음'이라고 하여 둘을 합해서 '음양'이라고 부른다. 하늘은 태양이 있는 곳으로 '양'에 해당되고, 땅속은 어둡고 서늘하므로 '음'이 된다. 따라서 '음'과 '양'은 곧 '땅'과 '하늘'로 표현되기도 한다. 하늘과 태양은 높고 밝으니 '양'이고, 땅과 물은 어둡고 싸늘하니 '음'이 되는 것이다.

한국의 기후는 봄-여름-가을-겨울 등 네 개의 계절로 되어 있다. 한마디로 사계절을 특징으로 한다. 네 계절 가운데 첫째인 봄은 풀과 나무가 새로 싹트고 꽃이 피기 시작하는 따뜻한 계절이다. 두 번째 계절인 여름은 해가 길어지면서 날씨가 매우 덥고 비가 많이 온다. 세 번째 가을은 해가 짧아지고 서늘해지기 시작한다. 마지막 계절 겨울은 날씨가 춥고 눈이 많이 내린다. 봄과 여름은 햇볕이 비춰 밝고, 따뜻하고, 덥기도 하기 때문에 '양'의 계절이라 하고, 햇볕이 일찍 지는 가을과 겨울은 어둡고 서늘하며 춥기까지 하여 '음'의 계절로 간주한다. 간단히 말해서 봄과 여름은 '양', 가을과 겨울은 '음'인 것이다.

오행은 자연을 구성하는 가장 기본적인 물질 다섯 가지를 말한다. 나무 · 불 · 흙 · 쇠 · 물을 일컫는 것으로, 다른 말로는 목(나무) · 화(불) · 토(흙) · 금(쇠) · 수(물)라고 한다. 불(화)은 위로 타올라 가고, 물(수)은 아래로 흐른다. 나무(목)는 휘기도 하고 곧게 뻗어 나가기도 하며, 쇠(금)는 녹여서 여러 모양으로 만들 수 있다. 흙(토)은 씨앗을 뿌려 생명을 키우는 특성을 지니고 있다.

사계절에 담긴 5

한국은 기후에 따라 1년을 봄 · 여름 · 가을 · 겨울로 나눈다. 봄은 춘, 여름은 하, 가을은 추, 겨울은 동이라고 하여 4계절을 춘 · 하 · 추 · 동이라고도 하는데, 이 춘하추동도 오행과 관련이 있다.

목(나무)은 아지랑이 피어오르는 부드럽고 따뜻한 봄을 말하며, 봄날의 따뜻한 기운은 사람을 포함해서 이 세상 모든 것을 여유롭고, 따뜻하고, 부드럽게 만들어서 쉬고 싶도록 한다. 봄에 싹트는 나무를 떠올리며 목(나무)과 춘(봄)을 하나의 짝으로 삼았다. 잠들었던 동물들도 겨울잠에서 깨어나 새로운 삶을 시작하고, 얼었던 땅에서 나무의 새싹이 솟아오르는 모습에서 목을 봄으로 상상한 것이다. 봄이면 세상이 새롭게 창조되고 산천에는 푸릇푸릇 온갖 나무(목)가 왕성해진다 하여 봄은 푸른색으로 표현된다. 푸른색을 '청'이라고도 한다. 따라서 목은 '봄'을 의미하고 색으로는 '청색'이 된다.

화는 불처럼 화려하고 열정적인 상태를 말하는 것으로 계절에 비유하면 뜨거운 여름이다. 화는 불이고 불은 뜨거워 여름과 닮은 것이다. 여름에는 환한 낮시간이 길어서 세상 만물과 사람들을 활동적으로 만들어 생동감을 불어넣고, 따뜻한 빛으로 다양한 식물이 화려하게 꽃을 피울 수 있도록 해준다. 화는 빨갛게 타오르는 태양을 닮았다고 하여 빨간색을 뜻하고, 빨간색은 한 글자로 '적'이라고 한다. 따라서 화는 '여름'을 상징하고 '적색'으로 표현된다.

토는 땅, 즉 흙을 말한다. 밝은 태양의 빛(양)과 땅속의 어둠(음)이 서로 만났다가 바뀌는 곳이다. 봄에서 여름으로, 여름은 가을로, 가을이 겨울로 바뀌는 환절기가 바로 토에 해당한다. 모든 계절의 변화는 땅에서 이루어지고, 땅에는 음과 양의 기운이 모두 담겨 있어 중개자의 역할을 한다. 앞에서 보았듯이, 하늘과 땅의 조화를 이루는 사람이 곧 왕이다. 따라서 토는 왕을 상징하는 누런빛의 금색을 띠고 있으며, 누렇다는 뜻으로 '황'으로 쓴다.

금은 펴지고 늘어나는 성질을 가진 물질로 쇠 또는 철이라고도 한다. 쇠는 차고 시원한 느낌을 준다. 계절로 보면 가을과 같다. 무겁고 단단한 쇠가 아래로 향하듯이, 가을에는 열매가 떨어지고 낙엽이 진다. 금이 가을과 짝을 이루는 까닭이다. 낙엽이 지고 열매가 떨어진 나무들은 메마르고 가지만 남아 텅 비어 있는 느낌을 주기 때문에 흰색으로 상징된다. 흰색은 '백'이라고 한다. 따라서 금은 가을을 뜻하는 '추'와 하얀색을 의미하는 '백'과 관련되어 있다.

수는 물을 의미하고, 물은 머물러 있지 않고 아래로 흘러 내려간다. 물처럼 낮은 곳으로 밀려 내려가는 기운을 계절에 비유하면 온갖 만물이 활동을 멈추고 땅속으로 파고 들어가 잠을 자는 겨울을 말한다. 추워서 물은 얼고 겨울잠을 자는 세상은 모든 것이 죽은 듯이 숨을 죽이고 있는 휴식 시간이다. 겨울은 어둡고, 어둠을 상징하는 색은 검정이다. 겨울은 '동', 검은색은 '흑'이라고도 하니, 수는 결국 '동'과

'흑'이란 의미를 담고 있다.

동서남북과 가운데

오방이란 동, 서, 남, 북의 사방과 그 가운데 중앙을 말한다. 오방의 다섯 방향은 목화토금수의 오행과 관련이 있다. 목(나무)이 봄(춘)을 상징한다고 했다. 봄은 계절이 시작되는 때이고, 하루는 해가 뜨면서 시작되고, 해는 동쪽에서 떠오른다. 따라서 봄은 동쪽의 의미도 담고 있다. 목이 푸른색으로 상징되고 있다 했으니, 결국 목은 봄(춘), 청색, 동쪽과 하나인 셈이다.

화는 뜨거운 여름으로 빨간색(적)으로 나타낸다고 했다. 한국의 기후는 남쪽으로 갈수록 따뜻해지므로 불을 뜻하는 화는 남쪽에 위치한다. 그래서 화는 여름과 붉은 적색 그리고 남쪽과 짝을 이룬다.

금은 뜨거운 태양이 식어가는 가을과 관련되어 있다. 태양은 서쪽으로 기울어 점차 그 열기가 식어가면서 서늘해지고, 자연은 메말라 쓸쓸하고 텅 빈 모습을 띠게 된다. 그리하여 차가운 금(쇠)은 가을과 연결되면서 백색(흰색)으로 표현되고 있다.

수는 물이고, 물은 차다. 남쪽은 따뜻하고 북쪽은 차갑고 춥다. 겨울은 춥고 일찍 어두워진다. 따라서 수는 계절로는 겨울, 방향으로는 북쪽, 색으로는 어두운 검은색과 짝을 이룬다.

춘하추동의 계절 변화가 모두 땅 위에서 이루어지고 있기 때문에 토는 모든 계절과 관계를 맺고 있다. 그리고 봄-동, 여름-남, 가을-서, 겨울-북처럼 계절과 방향이 서로 연결되어 있으므로 자연히 토는 동서남북과도 관련되어 있다. 따라서 토는 네 방향의 중심에 자리하게 되어 중앙을 상징하고 색으로는 황색(노란색)으로 대표되었다.

광화문에는 조선시대 왕이 머물던 경복궁이 자리하고 있다. 경복궁을 중심으로 동쪽문은 계절로 보면 봄(춘)에 해당하므로 '건춘문', 즉 봄의 기운을 일으키는 문이라 하였고, 서쪽 문은 가을(추)이라 '영추문', 곧 가을을 맞이하는 문이라 하였다.

오행-오방-오방색의 관계는 사람이 마땅히 지켜야 할 윤리의식까지 이어진다. 사람이 항상 지켜야 할 도리를 인 · 의 · 예 · 지 · 신 다섯 가지로 꼽고 있다. '인'은 '어질다'는 뜻으로, 행동이 바르고 너그러우며 슬기로움을 말한다. '의'는 올바르고 공정하며 정직한 행동을 뜻한다. '예'는 사람이 사회생활을 하면서 지켜야 할 예의와 절차를 의미한다. '지'는 일을 현명하게 판단하고 처리하는 능력을 말한다. '신'은 사람을 속이지 않고 거짓됨이 없는 것을 나타낸다.

인간이 마땅히 지켜야 할 행동 다섯 가지 인 · 의 · 예 · 지 · 신을 오상이라고 하는데, 이 다섯 가지 행동 기준이 오방과도 관계를 맺고 있다. 동쪽은 '인', 서쪽은 '의', 남쪽은 '예', 북쪽은 '지'와 짝을 이루고 중앙은 '신'과 연결된다.

오방과 오상의 관계는 서울을 대표하는 사대문과 보신각에 잘 나타나 있다. 조선시대 서울 도성의 네 방향(동서남북)에 사대문을 세웠다. 동대문은 '흥인문'이다. '인'이 동쪽을 가리키므로 어진 마음을 일으키는 문이다. 남대문은 '숭례문'이라 한다. '예'가 남쪽을 가리키므로, 예의범절을 받들고 소중히 여기는 문이 된다. 서대문은 '돈의문'으로, 올바르고 공정한 마음을 깊이 간직하게 하는 문이며, 북대문은 '숙정문'이라 하여 지혜로써 마음을 고요하고 안정되게 하는 문을 뜻하였다.

흥인문(동대문)

돈의문(서대문)
사진 출처: 서울역사박물관

숭례문(남대문)

숙정문(북대문)

보신각(중앙)

단동십훈

단동십훈은 어린 아이를 교육하던 전통적 육아법이다. '도리도리', '곤지곤지', '지암지암(죔죔)', '짝짜꿍(작작궁)' 등 모두 10가지의 교육 방식으로 되어 있으며, 아기의 운동 기능과 인지발달을 도와주는 놀이이기도 하다. 단동십훈을 통해 아기는 걸음마 연습, 주먹 쥐기, 손바닥 찧기, 고개 흔들기, 손뼉 치고 춤추기를 배운다. 아이의 인성과 뇌 발달에 좋은 영향을 준다고 알려져 일부 방식이 지금까지도 이어져 오고 있다.

옛날 공부하던 모습

도리도리는 머리를 좌우로 돌리는 동작이다. 세상 만물이 하늘의 도리로 생겨났듯이 우리 모두가 하늘의 뜻에 따라 태어났다는 것을 이리저리 생각해보라는 것이다. 좌우로 머리를 흔들며 하늘의 이치와 천지 만물의 도리를 깨우치라는 것이다.

지암지암(죔죔)은 두 손을 앞으로 내놓고 손가락을 쥐었다 폈다 하는 동작인데, '쥘 줄 알았으면 놓을 줄도 알라'는 깨달음을 은연중에 가르치는 것이다. 결국 쥔다고 다 내 것이 아님을 일러주는 것이다.

곤지곤지는 한쪽 손 집게손가락으로 다른 쪽 손바닥을 찧는 동작으로 사람과 만물이 서식하는 땅의 이치도 깨달아 천지간의 조화를 꾀하라는 뜻을 담은 손놀림이다. 이때 '곤'은 '땅'이란 의미다.

짝짜꿍짝짜꿍(작작궁작작궁)은 두 손바닥을 마주치며 소리 내는 동작이다. 왼쪽과 오른쪽의 결합처럼 천지의 조화 속에서 흥을 돋우라는 뜻에서 두 손바닥을 마주치며 박수를 치는 것이다.

업비업비(어비어비)는 아이가 해서는 안 될 것을 이를 때 하는 말로, 훗날 성장해서도 도리에 어긋남이 없어야 함을 강조한 말이다.

김홍도 〈서당〉

띠 이야기

한국인들은 모두 '띠'를 가지고 있다. 태어나는 순간 모두 띠를 부여받는다. 띠에는 12마리의 동물이 등장한다. 어떻게 12마리가 선택되었는지 재미있는 이야기가 있다.

옛날 아주 먼 옛날 하늘에 계신 옥황상제가 모든 만물을 창조하시자 새해마다 동물들이 하늘나라 옥황상제께 세배하러 다녔다. 해마다 세배하기 위해 먼 길을 힘들게 오는 동물들을 기특하게 여긴 옥황상제가 말하였다. "해마다 세배하러 오는 동물들아, 너희들의 갸륵한 정성에 상을 주겠다. 새해 첫날 먼저 도착하는 동물들에게 신의 지위를 주겠다." 이 말을 듣고 신이 되고 싶은 동물들이 서둘러 준비를 하였다.

작은 쥐가 혼자 생각하였다. "나는 다른 동물보다 너무 작고 뛰지도 못하는데, 어떻게 옥황상제님께 빨리 도착해서 신이 될 수 있을까?" 쥐는 여기저기 다니며 궁리하였다. 그때 우직한 소가 혼자 몰래 길 떠나는 것이 보였다. 쥐가 옳다구나 생각하고 소꼬리를 몰래 잡고 매달렸다. 소는 꼬리를 흔들며 걸었지만 작은 쥐가 매달린 것을 알지 못하였다. 소는 남보다 빠르진 않지만 먼저 출발하면 하늘 입구에 일찍 도착할 수 있을 것으로 여기고 서둘러 길을 나선 것이었다.

부지런히 걸은 소는 과연 하늘 입구에 제일 먼저 도착하였다. 새해 아침 하늘의 문이 열리면서 소가 일등이라고 생각하고 들어가는데, 꼬리에 매달렸던 쥐가 소 등위로 폴짝폴짝 뛰어오더니 문으로 먼저 뛰어들어갔다. 쥐가 일등을 한 것이었다. 소는 깜짝 놀랐지만 이미 일등은 빼앗기고 말았다. 쥐 뒤로 소가 이등을 하였다. 소가 들어오고 커다란 호랑이가 날쌔게 들어왔다. 그 뒤를 이어 토끼, 용, 뱀, 말, 양,

원숭이, 닭, 개, 돼지 등이 차례로 들어왔다. 옥황상제는 미리 말한 대로 일찍 오는 순서대로 열두 마리의 동물들에게 신의 지위를 주었다. 이리하여 '십이지신'이 탄생하였다.

해마다 십이신이 번갈아 가며 한 해를 맡는데 호랑이신이 맡으면 그해에 태어나는 사람은 모두 호랑이띠가 된다. 돼지신의 해가 되면 모두 돼지띠를 받고 태어난다. 이렇게 태어나면서 띠를 받으면 각각 그 동물의 기운을 받으므로 남자는 호랑이띠가 좋고 여자는 쥐띠가 좋다고 해석하기도 한다. 소띠와 뱀띠가 만나면 사이가 좋다는 말도 있다. 띠에 따라 그 사람의 성격도 정해진다고도 한다. 지금도 태어난 해에 따라 띠가 정해지지만 단순히 나이를 알려주는 정도의 의미를 가질 뿐이다. 태어난 사람의 성격과 동물의 특성 사이에는 아무런 관계가 없다. 단지 재미있는 관습을 이어오는 정도라고 보면 되겠다.

십이지신상

2부

한국의 신화와 전설

설화는 한 민족 사이에 말로 전해 내려오는 이야기다. 설화는 비현실적인 내용이 많이 담겨 있기 때문에 사실 자체를 그대로 이야기한 것이라기보다는 흥미와 교훈을 위해 상징적으로 표현되는 것이 대부분이다. 설화는 '입에서 입으로', 다시 말해 구전(口傳)되면서 유지되어 왔다. 그렇기 때문에 기억하기 쉽고 말로 전하기 쉽도록 이야기 구조나 내용이 단순하고, 표현 역시 복잡하지 않다.

보통 설화는 신화를 포함해서 전설과 민담을 두루 포함하고 있다. 물론 이 셋 사이에 분명한 구분이 있는 것은 아니다. 서로 넘나들기도 하고 서로 섞이기도 한다. 설화의 내용은 대부분 민족적이고 서민적이어서 그 민족의 생활감정과 풍습을 암시하고 있다. 이런 점에서 어떤 문화를 이해하는데 그들의 오래된 설화를 살펴보는 것도 중요하다.

건국신화는 한 국가가 어떤 과정을 거쳐 성립하였는지를 설명하는 이야기다. 한국을 대표하는 건국신화에는 고조선의 〈단군신화〉, 북부여의 〈해부루신화〉, 동부여의 〈금와신화〉, 고구려의 〈주몽신화〉, 신라의 〈박혁거세신화〉가 있다. 한국 고대 건국신화는 몇 가지 특징을 가지고 있다.

먼저 하늘(천, 天)과 땅(지, 地)을 상징하는 존재가 만나 짝을 맺어 나라를 세우는 주인공이 탄생한다는 점이다. 고조선의 환웅과 웅녀, 고구려의 해모수와 유화, 신라의 박혁거세와 알영의 만남이 그 예이다.

이때 남성 쪽이 하늘과 관련되어 있고, 여성 쪽이 땅과 연결되어 있다. 〈단군신화〉에서 환웅은 하늘을 다스리는 천신(天神) 환인의 아들이고, 〈해부루신화〉와 〈금와신화〉 그리고 〈주몽신화〉에 등장하는 해모수는 천제(天帝)의 아들이며, 혁거세는 하늘에서 알의 형태로 땅에 내려온다. 웅녀는 땅에 사는 곰이고, 유화는 물을 다리는 수신(水神) 하백의 딸이고, 알영은 우물가에 닭처럼 생긴 계룡의 옆구리에서 출생했기 때문에 역시 수신의 딸이라고 할 수 있다. 천지인(天地人)의 조화를 강조하는 한국문화의 원형(原型)이 건국신화에도 깊이 뿌리내리고 있음을 알 수 있다.

한민족 건국신화의 또 다른 특징은 중심인물의 탄생 과정이 지역에 따라 차이가 난다는 것이다. 한반도 북부의 건국신화는 하늘에서 내려온 남자와 지상에 사는 여자가 만나 건국의 주인공을 낳는다. 이를 천손설(天孫說)이라 하고, 단군과 주몽이 대표적 인물이다. 반면 남부의 건국신화는 하늘의 기운을 받은 알에서 아이가 태어나 나라를 세운다. 소위 난생설(卵生說)이라는 것으로, 건국의 주인공이 알에서 태어났다는 뜻이다. 난생설의 대표적 인물이 박혁거세다.

한국의 전설과 민담은 관계를 중시하는 한국의 전통적 생활윤리가 담겨 있다. 어른을 공경하고 부모에게 효도하며 이웃 사람들과 우애를 깊이 나누는 삶의 모습을 강조하고, 그러한 삶을 실천하는 사람이 하늘을 감동시켜 복을 받는다는 교훈적 의미를 전해주고 있다.

1. 대별이와 소별이

아득한 옛날에는 하늘과 땅이 나누어져 있지 않았다. 서로가 붙어 있어 세상 모든 것들이 뒤엉켜 있었다. 그러다 시간이 오래 지나면서 서서히 변화가 일어났다. 하늘은 위로 땅은 아래로 움직이기 시작한 것이다. 하늘과 땅이 서로 반대 방향으로 이동하면서 그 사이가 점점 크게 벌어졌다. 하늘은 점점 높아지고 곳곳에 구름도 생겨났으며, 땅은 솟아올라 산이 되고 낮은 곳으로는 물이 흘러 강과 바다를 이루었다. 뒤섞여 있던 하늘과 땅이 이제 멀리 떨어져 서로 다른 모습을 지니게 되었다.

이 무렵 하늘과 땅을 다스리는 옥황상제 천지왕이 나타나 새로운 것들을 만들기 시작하였다. 하루는 동쪽, 하루는 서쪽으로 분주히 오가면서 세상을 채워가고 있었다. 이때 모든 것은 2개씩 쌍을 이루도록 만들었다. 온종일 바쁘게 움직이던 천지왕은 문득 세상이 어둡다는 것을 느끼고는 세상을 밝혀줄 해와 달을 만들기로 했다. 여느 때처럼 왕은 해도 두 개, 달도 두 개를 준비해서 하늘과 땅 사이에 던졌다. 이제 세상은 환해졌다. 그런데 문제가 생겼다. 한낮에 해 두 개가 내리쬐면서 더위를 견디기 힘들어졌고, 달이 두 개 뜨는 밤에는 추워서 견디기 힘들었다. 사람과 동식물들이 이리저리 더위와 추위를 피하느라 야단법석이었다.

한편 인간 세상에는 '수명장자'라는 천하장사가 나타나 힘을 뽐내며 돌아다녔다. 자기보다 강한 자가 없다는 생각에 온갖 못된 짓을 저

질렀다. 수명장자는 날쌘 말 아홉 마리, 힘센 소 아홉 마리, 사나운 개 아홉 마리를 부하로 거느리고 다녔다. 이 사나운 동물들을 앞세워 곡식과 사냥감에 집까지 빼앗고, 자기 말을 따르지 않는 사람에게는 아무 데서나 몽둥이질을 하는 등 횡포가 극심하였다.

수명장자는 세상에서 자기를 당할 자가 없다며 우쭐댔다. 무서울 것이 없는 수명장자가 하늘을 향해 소리 질렀다. "이 세상에 누가 나보다 세더냐. 이 세상은 나의 것이다." 그 소리가 천지왕이 있는 곳까지 들렸다. 좋은 세상을 만들려고 바쁘게 일하던 천지왕은 인간 세상에서 들려오는 수명장자의 횡포를 더 이상 두고 볼 수가 없었다. 천지왕은 다섯 마리 용이 이끄는 금마차에 올라타서 인간 세상으로 향했다. 양옆에는 번개장군과 벼락장군이, 앞에는 불장군과 바람장군이 왕을 호위하였고, 뒤로는 일만 군사가 따랐다.

눈 깜짝하는 사이에 수명장자의 집 앞에 도착한 천지왕이 불호령을 내렸다. "어리석은 수명장자야, 어서 나와 무릎을 꿇어라." 이에 놀란 수명장자가 날쌘 말에 올라타고서 힘센 소와 사나운 개들을 풀어 천지왕에게 덤비도록 하였다. 그러나 소와 개들은 달려들지 않고 꼬리만 흔들고 있는 것이 아닌가. 이를 본 수명장자는 부엌으로 달려가 무거운 쇠솥과 솥뚜껑을 들고나와 던지며 위협했다. 그러나 무겁고 강한 쇠솥과 쇠뚜껑도 천지왕에게는 한낱 낙엽 정도로 가벼울 뿐이었다. 자신의 힘만을 자만하고 천지왕의 위력을 모르는 수명장자가 계속 덤벼들었다. 이에 천지왕은 쇠로 만든 무거운 둥근 테를 수명장자의 머리에 씌우고 조였다. 처음으로 고통을 느껴본 수명장자가 벗으려고 했지만, 전혀 움직이지 않았다. 그러자 수명장자가 소리쳤다. "내 머리를 도끼로 쳐라. 머리가 너무 아프다."

자신의 횡포를 반성하고 용서를 구하기는커녕 사납게 소리민 지르고 있는 수명장자를 본 천지왕은 어이가 없었다. 멍청한 수명장자는 테를 벗으려고 머리를 도끼로 치면 자신이 죽는다는 것을 모르고 있었다. 수명장자를 죽게 내버려 둘 수 없었던 천지왕은 더이상 경거망동하지 말라고 경고하고 나서 쇠테를 풀어주었다.

천지왕은 곧장 하늘로 올라가지 않고 인간 세상에 남아 백주할멈이 사는 초가집에 머물기로 하였다. 백주할멈은 곧 천지왕을 알아보고 따뜻한 밥을 지어 올렸다. 밤이 되어 잠을 청하려던 천지왕이 백주할멈을 불러 물었다. "옆방에서 옥빗으로 머리 빗는 소리가 들립니다. 누가 또 있습니까?" "저의 외동딸 총명아기가 있습니다." 천지왕이 총명아기를 만나고 싶다고 하자 백주할멈이 딸을 데리고 왔다. 그녀를 본 천지왕은 백주할멈에게 총명아기와 인연 맺기를 청하였다. 백주할멈이 허락하자 하늘의 천지왕과 인간 세상의 총명아기가 부부의 인연을 맺게 되었다.

사흘을 총명부인과 같이 지낸 천지왕이 이제 하늘나라로 가야 한다며, 앞으로 두 아이가 태어날 것이니 대별이와 소별이라고 이름을 지으라고 하였다. 또 아이들이 자라 아버지를 찾거든 전해주라며 박씨를 남겼다. 천지왕은 금마차를 타고 구름 속으로 사라졌다.

얼마 후 총명부인은 천지왕이 말한 대로 아들 쌍둥이를 낳아 첫째를 대별이, 둘째를 소별이라고 하였다. 아이들은 지혜로웠고 재주 또한 남달랐다. 어느새 소년이 된 그들은 주변에서 '아비 없는 자식들'이라는 수군거림을 자주 듣자 총명부인에게 자기들의 아버지는 누구냐고 물었다.

때가 됐다고 생각한 총명부인은 천지왕이 남긴 박씨를 주며 너희 아버지는 세상을 다스리시는 옥황상제 천지왕이라고 알려주었다. 아이들은 곧바로 뒤뜰에 박씨를 심었다. 신기하게도 싹이 바로 나더니 덩굴이 쑥쑥 자랐다. 순식간에 자란 박덩굴은 구름 속으로 들어가 그 끝이 보이지 않았다. 대별이와 소별이는 하늘로 뻗은 덩굴줄기를 타고 올라갔다. 도착한 곳은 바로 옥황상제 천지왕 앞이었다.

천지왕이 누구냐고 묻자 자신들은 대별이와 소별이라고 대답하였다. 그러자 천지왕은 기다리고 있었다는 듯이 신하를 불러 '그것을 가져오라'고 명령하였다. 신하가 검은색 무쇠활과 무쇠화살 두 개를 들고 왔다. 천지왕은 대별이와 소별이에게 그것을 하나씩 주며 말했다.

"너희가 내 아들이라는 것을 증명해 보이거라."

대별이와 소별이는 무쇠활과 무쇠화살을 어깨에 메고 다시 인간 세상으로 내려왔다. 이들은 먼저 동해로 길을 떠났다. 동해에 이르니 막 해가 뜨기 시작하였다. 얼마 후 또 하나의 해가 떠오르기 시작하였다. 대별이가 두 번째 떠오르는 해를 향해 무쇠화살을 쏘았다. 무쇠화살이 꽂히자 해가 부서지면서 새벽별이 되어 흩어졌다. 둘은 다시 서쪽으로 길을 떠났다. 서쪽에 다다르니 막 달이 뜨기 시작하였다. 얼마 후 또 하나의 달이 떠오르기 시작하였다. 이번에는 소별이가 무쇠화살을 쏘았다. 두 번째 떠오르던 달이 화살을 맞고 산산이 부서지며 밤하늘 여기저기에 흩어져 별이 되었다.

대별이와 소별이는 해와 달을 하나씩 남겨두고 집으로 돌아와 박덩굴을 타고 다시 천지왕에게 올라갔다. 이들을 본 천지왕은 크게 칭찬하였다. 두 아들은 자신들이 해야 할 일을 알았던 것이다. 이제 인간 세상을 위해 그들의 재주를 발휘할 수 있을 것이라 믿은 천지왕은 큰아들 대별이에게 살아있는 사람들로 시끄러운 이승을, 작은아들 소별이에게는 죽은 사람들의 세상인 조용한 저승을 다스리도록 하였다.

그런데 소별이는 형이 다스리게 된 이승이 자신의 저승보다 좋아 보였다. 소별이가 형에게 말했다. "형님, 형님! 우리 수수께끼를 내서 누가 이승을 다스릴지 정합시다." 이에 대별이가 먼저 문제를 냈다. "소별아, 어떤 나무는 사계절 내내 푸른데, 어떤 나무는 가을이 되면 잎이 떨어진다. 그게 무슨 까닭인지 아느냐?" 소별이가 쉬운 수수께끼라며 "마디가 짧은 나무는 잎이 늘 푸르고, 속이 빈 나무는 잎이 떨어지는 겁니다." 하고 답했다. 이에 대별이가 말했다. "그렇지 않다. 대나무와 조릿대는 마디마디 속이 비었지만 사계절 내내 푸르다."

할 말이 없게 된 소별이는 다른 수수께끼를 내보라고 하였다. "소별아, 높은 산꼭대기에는 풀과 나무가 잘 자라지 않는데, 낮은 계곡에서는 왜 풀과 나무가 잘 자라는지 아느냐?" "형님, 하늘에서 내리는 비가 낮은 계곡으로 모두 흘러가니 산꼭대기의 나무나 풀은 자라지 못하는 것입니다." "소별아, 그렇다면 왜 사람의 머리는 길게 자라고 발등의 털은 짧은 것이냐?" 이번에도 소별이는 할 말이 없었다.

수수께끼를 맞추지 못했음에도 이승을 포기하지 못하고 소별이가 다시 말했다. "형님, 누가 꽃을 잘 키우는지 보고 정하는 것이 좋겠습니다." 소별이는 같은 꽃씨를 작은 그릇에 각각 심고 하나는 형을 주고 하나는 자기가 가졌다. 큰 꽃송이를 피우고 싶었던 소별이는 매일 아침 물을 듬뿍 주고 나가 놀았다. 대별이는 매일 싹이 자라는 것을 살피며 가끔씩 물을 주었다. 물만 주고 살펴보지 않았던 소별이의 꽃나무는 가는 줄기에 키만 크게 자랐다. 항상 살피고 돌보았던 대별이의 꽃나무는 굵은 줄기에 꽃봉오리가 맺혔다. 꽃봉오리가 잘 자란 형의 꽃을 본 소별이가 깜깜한 밤에 형 몰래 그 꽃가지를 꺾어 자기 그릇에 꽂았다. 아침이 되자 소별이 그릇에 뿌리 없는 꽃이 피어 있었고 대별이의 그릇에는 꺾인 가지와 뿌리만 남아 있었다. 소별이는 자기가 이겼다며 이승은 자기가 다스리게 되었다고 기뻐하였다. 대별이는 남의 꽃을 꺾었으니 이긴 것이 아니라고 말했으나 소별이는 막무가내였다. 자기 그릇에서 꽃이 피었으니 이겼다고 계속 우기자 귀찮아진 대별이가 말하였다. "어리석은 소별아, 네가 이승을 차지하면 그곳은 너처럼 하나만 알고 둘은 모르며, 자기가 하지 않은 것을 했다고 떼를 쓰며, 속임수와 거짓으로 원하는 것을 독차지하려는 사람들로 가득하게 될 것이다."

대별이는 동생의 고집을 피하여 저승으로 갔다. 이승에 남은 소별이는 천지왕의 경고에도 불구하고 횡포를 부리며 사람들을 괴롭히는 수명장자를 찾아가 죽이고 이승에서 자신이 최고라고 우쭐거렸다. 소별이는 자신의 힘을 제일 먼저 사람을 죽이는 데 쓰고 말았다. 소별이는 사악한 수명장자의 흔적을 없애야 한다며 시신을 불에 태웠다. 살과 뼈가 타면서 모기와 파리, 빈대와 벼룩으로 변하여 죽어서도 남의 피를 빨며 살아가는 벌레가 되었다.

수명장자를 없앤 소별이는 인간 세상에서 환영을 받으며 금세 유명해졌다. 사람들은 일이 생기면 소별이를 찾아와 해결해 달라고 하였다. 이승은 매우 소란스러웠다. 인간을 비롯한 온갖 생명들이 저마다 자기 말만 지껄이며 여기저기 돌아다녔다. 저마다 자기만 옳다고 우기니 서로 부딪히며 싸우는 일이 많아졌다. 문제가 생길 때마다 모두 소별이를 찾아왔지만, 해결은커녕 혼란만 더해졌다. 견디다 못한 소별이는 저승에 있는 형에게 해결해 달라고 애원하였다.

대별이는 이승을 둘러본 후 소나무 껍질을 갈아서 온 세상에 뿌렸다. 그러자 나무와 풀의 혀가 사라지고 땅에 박혀 움직이지 못하게 되었다. 새와 짐승과 인간에게는 서로 다른 말을 하게 하니 뿔뿔이 흩어졌다. 한편 지나다니는 사람마다 무게를 재어 100근이 넘는 사람은 이승에 남기고 100근이 안 되는 사람은 모두 귀신으로 분리하여 저승에 보냈다. 이제 이승은 조용해졌고 질서도 잡혀갔다.

소별이는 감탄하며 기뻐하였다. 이후에도 문제가 생길 때마다 형을 찾아왔다. 시도 때도 없이 찾아오는 동생을 피하려고 대별이는 저승의 문을 굳게 닫고는 그 문조차 안 보이게 숨겼다. 이후로 이승과 저승 사람들의 왕래가 끊기고 어쩌다 우연히 문을 발견한 사람들만 오가게 되었다.

형의 도움을 더 이상 받지 못하게 된 소별이는 판결 때마다 우왕좌왕했다. 이것이 맞는다고 했다가 사람들이 불만을 말하면 저것이 맞다며 이랬다저랬다 하니 사람들의 불만이 쌓여갔다. 이제 문제가 생겨도 소별이를 찾는 사람은 없고 모두가 제 힘에 기대어 남을 속이고 자기 이익만을 챙겼다. 소별이는 점점 외톨이가 되어서 형을 찾으러 저승의 문을 찾아 헤매게 되었고, 이승에서는 아무도 소별이를 찾지 않았다. 질서와 원칙이 없는 이승은 혼란이 계속되었다.

대별이가 다스리는 저승은 조용하였다. 매사에 모든 일을 공평하고 원칙대로 처리하니 대별이의 판결에 누구도 억울해하지도 불평하지도 않았다. 저승의 영혼들은 대별이의 판결을 기꺼이 따랐다. 상과 벌의 기준은 한결같고 누구에게나 엄격하고 공평하게 적용하니 사람들이 그를 받들어 마침내 저승의 대별왕이 되었다.

2. 해와 달이 된 오누이

옛날 어느 외딴 산골 마을에 가난한 어머니가 홀로 어린 두 남매를 키우며 살고 있었다. 어머니는 매일 이른 아침에 마을로 내려가 남의 일을 도와주고 저녁이면 쌀과 음식 등을 받아오는 것으로 생활했다. 하루는 고개 너머 마을에 큰 잔치가 열려 어머니는 도와주기 위해 산을 넘어 그곳에 갔다. 잔치가 끝나고 맛있는 떡을 푸짐하게 얻은 어머니는 아이들에게 모처럼 맛있는 걸 먹일 수 있게 되어 기쁜 마음으로 집으로 향했다.

산 고개를 오르는 데 갑자기 호랑이 한 마리가 나타났다. 깜짝 놀란 어머니에게 호랑이가 말했다. “어멈, 어멈, 떡 하나 주면 안 잡아먹지.” 그나마 다행이라 생각한 어머니는 얼른 떡 하나를 주었다. 떡을 받아든 호랑이가 산속으로 사라졌고 어머니는 놀란 가슴을 진정시키며 서둘러 걸었다. 잠시 후 다시 호랑이가 나타나 앞을 가로막고 또 떡을 달라고 했다. 어머니가 할 수 없어 떡 하나를 던져주자 호랑이는 사라졌다. 집을 향해 걸음을 재촉한 지 얼마 되지 않아 또다시 호랑이가 어머니를 막아서서는 떡을 더 달라고 했다. 어머니는 남은 떡마저 주었다. 결국 얻어온 떡을 모두 호랑이에게 빼기고 말았다.

어머니는 더 이상 줄 떡이 없으니 호랑이가 다시 나타나지 않기를 빌면서 계속 걸었다. 그런데 호랑이가 또 나타났다. 떡이 없는 것을 알고는 이번에는 떡 대신 옷 하나를 달라고 했다. “어멈, 어멈, 옷 하나 주면 안 잡아먹지. 어흥.” 어머니가 얼른 치마를 벗어주고 도망치

듯 그 자리를 피했다. 그러나 그것도 잠시였다. 다시 호랑이가 길을 막아섰던 것이다. 빼앗은 치마를 입고 나타나서는 저고리도 달라고 하는 것이 아닌가. 어머니가 어쩔 수 없이 저고리마저 던져주자, 호랑이가 이를 받아 치마 위에 입고는 숲속으로 사라졌다.

아이에게 줄 떡도, 입고 있던 치마와 저고리도 빼앗긴 어머니는 달리듯 바삐 집을 향해 갔다. 마음이 조급해진 어머니 앞에 다시 호랑이가 모습을 드러냈다. "어멈, 어멈, 팔 하나 주면 안 잡아먹지." 이번에는 팔을 달라고 한다. 큰소리로 이렇게 외치는 호랑이에게 결국 어머니는 한쪽 팔을 내줄 수밖에 없었다. 심한 고통을 참고 다시 길을 나섰다. 그런데 호랑이가 또 나타나서는 다른 쪽 팔까지 달라는 것이다. 끔찍한 순간이었지만 어머니는 오직 자기를 기다리고 있을 아이들만 생각하고 남은 팔도 호랑이에게 건네주었다. 비록 팔은 없어졌지만 그래도 걸을 수 있는 것만도 천만다행이라 생각하며 부지런히 발걸음을 옮겼다.

서둘러 걷던 어머니는 급히 걸음을 멈췄다. 호랑이가 앞에 서 있는 것이었다. "어멈, 어멈, 다리 하나 주면 안 잡아먹지." 하며 위협하면서 어머니 앞으로 다가섰다. 또 한 번 이를 악물고 다리 하나를 주고서 집을 향해 절뚝절뚝 절면서 걸어갔다. 얼마 못 가서 불쌍한 어머니 앞에 호랑이가 다시 모습을 드러내더니 다른 쪽 다리도 내놓으라고 했다. 더 이상 어쩔 수 없는 어머니는 포기상태로 원하는 대로 해주고는 집을 향하여 떼굴떼굴 굴러갔다. 집에 거의 다 왔는데 호랑이가 무서운 얼굴을 하고 나타나더니 아무 말 없이 불쌍한 어머니를 삼켜버렸다.

어머니의 치마와 저고리를 뺏어 입은 호랑이가 아이들만 있는 집에 도착했다. "얘들아, 엄마 왔다. 문 열어라." 오랫동안 기다리고 있던

여동생이 반갑게 방문을 열려고 하였다. 그런데 오빠가 문손잡이를 막으며 말했다. "우리 엄마 목소리가 아닌데요." 그러자 호랑이가 목소리를 가다듬으며 말했다. "잔칫집에서 노래를 많이 불렀더니 목이 쉰 것이란다. 얘야, 어서 문을 열어라." 계속 의심스러웠던 오빠가 말했다. "우리 엄마가 맞는지 손 한 번 보여주세요." 호랑이는 저고리 입은 손을 문틈으로 쑥 내밀었다. "어머니 손에 웬 털인가요?" 오빠가 물었다. "오늘 흙 만지는 일이 많았는데, 흙 묻은 것이 마치 털 같아 보이는 것이란다."

이때 어린 동생이 더 이상 참지 못하고 문을 열어주었다. 호랑이가 '어흥' 거리며 뛰어들어오자 오빠는 재빨리 어린 동생 손을 잡고 부엌문으로 뛰어나가 뒷간 옆에 몸을 숨겼다. 호랑이가 두 아이를 쫓아오자 영리한 오빠는 동생을 데리고 우물가 커다란 나무 위로 몸을 피했다.

치마저고리를 입은 호랑이가 어슬렁거리며 두리번거리다가 우물 속에 비친 두 아이를 발견하였다. 호랑이가 말하였다. "아니, 얘들아 어떻게 우물 속에 앉아 있는 거니?" 어린 동생은 호랑이의 엉뚱한 말에 그만 웃음을 터뜨리고 말았다. 웃는 소리에 호랑이가 나무 위를 쳐다보았다. 아이들이 보였다. "아니, 얘들아 어떻게 그 높은 나무에 올라갔니?" 오빠가 대답하였다. "부엌에 있는 참기름을 두 손에 바르고 올라왔지." 호랑이가 그 말을 듣고 부엌에서 두 손에 참기름을 바르고 나왔다. 나무에 오르려 하였지만 자꾸 미끄러졌다. 호랑이가 다시 물었다. "아니, 얘들아 너희는 어떻게 그 높은 나무에 올라갔니?" 그러자 이번에도 오빠가 대답해주었다. "부엌에 있는 들기름을 두 손에 바르고 올라왔지." 호랑이가 다시 부엌으로 가서 들기름을 잔뜩 손에 발랐다. 호랑이가 나무에 오르려고 하였으나 이번에도 미끄러질 뿐이었다. 어린 동생은 호랑이가 자꾸 미끄러져 떨어지면서 엉덩방아 찧는 모습을 보고는 깔깔거리며 말하였다. "하하하. 바보 호랑이네. 도끼로 나무를 찍으며 올라왔지." 그러자 호랑이도 도끼로 나무를 찍으며 오르기 시작하였다. 오빠는 어린 동생을 품에 안고 하늘에 기도하였다. "하느님, 하느님. 가여운 우리를 살려 주시려거든 새 동아줄을 내려주시고, 죽이시려거든 썩은 동아줄을 내려주세요." 그러자 하늘에서 새 동아줄이 내려왔다. 두 아이는 동아줄을 타고 하늘에 올라갔다.

호랑이가 나무에 오르자 아이들은 동아줄에 매달려 하늘로 올라가고 있었다. 그 모습을 본 호랑이가 자기도 하느님에게 기도하며 말하였다. "하느님, 하느님, 저를 살리시려거든 썩은 동아줄을 내려주시고, 저를 죽이시려거든 새 동아줄을 내려주세요." 호랑이는 하늘로 올라가는 아이들을 보면서 빨리 따라가려는 급한 마음에 말이 잘못 나온 줄도 몰랐다. 하늘에서 썩은 동아줄이 내려왔다. 호랑이는 내려오는 동아줄을 보며 기뻐하였다. 줄에 매달려 얼마를 올라가자 썩은 동아줄이 뚝 끊어지고 말았다. 호랑이는 그만 떨어지고 말았는데 이때 떨어진 곳이 수수밭이었다. 수수밭에 떨어진 호랑이는 수숫대에 찔려 죽고 말았다. 그때 묻은 호랑이 피 때문에 수수가 붉어졌다고 한다.

하늘에 올라간 아이들에게 하느님이 말씀하셨다. "이곳에선 누구나 일을 해야 한단다. 오빠는 해가 되고 동생은 달이 되어라." 이렇게 오빠는 해가 되었고, 어린 동생은 달이 되었다. 어느 날 동생이 오빠에게 말하였다. "오빠, 깜깜한 밤에 혼자 다니니 무서워요. 오빠가 밤에 다니고 나는 낮에 다니면 좋겠어요." 오빠가 그 말을 듣고 자기가 달이 되고, 동생은 해가 되게 하였다. 해가 된 동생은 아침마다 세상을 비추게 되었다. 사람들이 예쁜 해를 바라보며 좋아하였다. 사람들이 자꾸 쳐다보는 것이 부끄러운 어린 동생은 점점 빛을 세게 비추어 쳐다보지 못하도록 하였다. 그렇게 해서 해가 눈부시게 빛나게 되었고, 이후로 사람들은 해를 똑바로 바라볼 수 없게 되었다고 한다.

3. 견우와 직녀

옥황상제가 다스리는 하늘나라는 늘 조용하고 평화로웠다. 그곳에서는 모두가 자기 일을 열심히 하며 하루하루를 즐겁게 보내고 있었다. 하늘나라에는 베를 짜는 여인들이 많았는데 그중에 직녀가 짜는 베는 특별히 곱고 아름다워서 유명하였다. 베 짜는 여인이라면 늘 직녀를 떠올릴 정도였다. 한편 소를 돌보는 목동 중에는 견우라는 청년이 뛰어난 솜씨로 유명하였다.

어느 날 우연히 견우와 직녀가 만났는데 둘은 첫눈에 서로 호감을 갖게 되었다. 그들은 곧 사랑하는 사이가 되어 결혼하게 되었다. 옥황상제는 많은 사람을 초대해서 큰 잔치를 베풀며 그들의 결혼을 축하해주었다.

결혼 한 견우와 직녀는 떨어질 줄 모르고 언제나 함께 다녔다. 그러다 보니 직녀는 베 짜는 시간이 적어졌고 견우도 소를 모는 일을 게을리하게 되었다. 견우가 일하는 밭은 곡식 대신에 잡초가 무성해졌고, 직녀는 옷감 짜는 일을 게을리하여 필요한 옷을 만들 수 없게 되었다. 주어진 일을 게을리하고, 서로 붙어 다니며 놀기만 한다는 것을 알게 된 옥황상제는 두 사람을 떼어놓기로 하였다. 은하수를 사이에 두고 견우는 동쪽별에서 밭을 갈도록 하고, 직녀는 은하수 서쪽별에서 베를 짜도록 하였다. 이때부터 그들이 사는 별을 견우별과 직녀별이라고 부르게 되었다.

그동안 자기 일을 게을리했던 견우는 잘못을 뉘우치고 열심히 소

를 몰며 밭을 갈았다. 직녀도 다시 고운 옷감을 열심히 짜게 되었다. 그렇지만 서로 사랑하면서도 만날 수 없게 된 두 사람은 슬픔에 빠져 일하는 동안에도 계속 눈물을 흘렸다. 열심히 일하는 모습을 본 옥황상제가 두 사람이 일 년에 한 번은 만날 수 있게 해주었다. 하지만 그것이 그들의 슬픔을 달래주지는 못했다. 일 년에 한 번 만날 수는 있었지만 제대로 된 만남은 아니었다. 아무리 가까이 가도 두 별 사이가 떨어져 있어 각자의 별에서 어렴풋이 바라볼 수밖에 없었다. 기쁨보다는 애틋한 마음만 깊어졌다.

이들의 슬픈 이야기가 세상에 알려졌다. 그들이 사는 별이 서로 떨어져 있어 가까이 만날 수 없음을 모두 가엽게 생각했다. 이런 사정을 알게 된 까마귀와 까치들이 두 사람이 만날 수 있도록 두 별 사이에 다리를 놓아 주기로 하였다. 옥황상제가 만남을 허락한 날이 오자 까마귀와 까치가 모두 하늘로 날아 올라가 견우별과 직녀별 사이에 다리를 놓아 얼굴을 마주하며 만날 수 있게 해주었다. 이날이 음력 7월 7일로 '칠월칠석'이라고 부른다. 이때가 되면 견우와 직녀는 너무나 반가워 다리 위에서 서로 얼싸안고 기쁜 눈물을 흘렸다. 그들이 흘리는 반가움과 행복의 눈물이 비가 되어 칠월칠석은 항상 비가 내린다고 한다.

칠월칠석날 두 사람이 만날 수 있도록 다리를 만들어준 까마귀와 까치의 이름을 빌려 다리 이름을 '오작교'라 하였다. '오'는 까마귀를 '작'은 까치를 뜻한다. 매년 음력 7월 7일에 주변에서 까마귀와 까치를 보기가 힘든 것은 오작교를 만들기 위해 모두 하늘에 올라가기 때문이라고 한다. 또 칠월칠석이 지나면 머리가 벗겨진 까마귀가 많은데, 이것은 견우와 직녀가 그들의 머리를 밟고 지나갔기 때문에 머리털이 빠진 것이라고 한다.

4. 단군 이야기

옛날 하늘나라 옥황상제에게 환웅이라는 아들이 있었다. 신들이 모여 사는 하늘나라 아래에는 인간들의 세상이 있었다. 환웅은 자라면서 점점 인간세계에 관심을 갖게 되었다. 농사짓는 법과 서로 돕는 것을 알지 못해 각자 힘겹게 살아가고 있는 인간을 가엽게 여겼다. 환웅은 생각했다. '내가 저곳에 갈 수 있다면 곡식을 심고 과일을 재배하고 짐승을 키우는 방법을 알려주어 편하게 살 수 있도록 해줄 수 있을 텐데.'

이런 아들의 착한 마음을 알게 된 옥황상제는 환웅을 그의 바람대로 인간 세상으로 내려보내기로 하였다. 아들이 뜻을 펼칠 만한 곳을 살펴보던 옥황상제는 태백산 아래 드넓은 땅이 마음에 들었다. 환인이 아들을 불러 그곳에 신의 도시를 세우고 사람들을 잘 가르쳐 인간 세상을 살기 좋은 곳으로 만들어 보라고 하였다. 옥황상제는 하늘을 상징하는 신성한 칼과 거울과 방울을 환웅에게 주었다. 그리고 비를 다스리는 신(우사), 바람을 다스리는 신(풍사), 구름을 다스리는 신(운사)을 불러 환웅과 함께 지상 세계로 가서 그를 도와주도록 명령하였다. 이렇게 환웅은 비, 구름, 바람을 거느리고 그밖에 3000여 명의 부하를 이끌고 태백산 아래로 내려갔다.

구름을 타고 태백산 아래로 내려온 환웅은 제일 먼저 하늘 높이 자란 박달나무 아래에 흙을 높이 쌓아 단을 세우고 그곳을 신의 도시(신시)라고 불렀다. 신시에서 환웅은 사람들에게 식물을 키우고 먹는

법을 가르쳐 주었다. 나무와 흙을 이용하는 방법을 일러주자 사람들은 점차 동굴에서 나와 집을 지을 줄도 알게 되었다. 이제 불을 피워 따뜻하게 지내게 되었고, 좋은 옷도 지어 입을 수 있게 되었다. 환웅은 나무와 풀의 좋은 점, 나쁜 점뿐만 아니라 병을 치료하는 방법도 알려주었다. 사람들은 서로 도우며 함께 사는 것이 얼마나 좋은지를 알게 되었고, 옳은 일과 나쁜 일도 구별할 수 있게 되었다. 이렇게 환웅은 신의 도시를 열고 사람들에게 필요한 360여 가지의 많은 일을 하나씩 하나씩 가르치니 인간 세상은 나날이 편해졌다. 환웅이 다스리는 세상은 이제 평화롭고 풍요로워졌다.

이때 한 동굴에서 같이 살고 있던 곰과 호랑이가 신의 도시에서 살게 된 사람들을 몹시 부러워하였다. 매일매일 거친 숲을 헤매며 먹을 것을 찾아야 하고, 비가 오나 눈이 오나 추위에 떨며 어두운 동굴에서 지내는 곰과 호랑이는 환웅이 세운 신시에서 사람으로 살고 싶었다. 간절한 마음으로 곰과 호랑이는 환웅 신을 찾아가 엎드려 절하며 사람이 되게 해달라고 빌었다. 환웅은 곰과 호랑이에게 사람이 되는 일이 쉬운 일이 아니라고 타일렀다. 그러나 곰과 호랑이는 사람이 될 수만 있다면 어떤 어려움도 이겨낼 수 있으니 방법을 알려달라고 계속 빌고 빌었다. 환웅은 그들의 간곡한 부탁에 마침내 도와주기로 하였다. 환웅은 신령스러운 쑥과 마늘을 건네주며 이것을 먹으면서 햇빛을 보지 않고 100일을 견디면 사람으로 변할 수 있다고 일러주었다.

곰과 호랑이는 쑥과 마늘을 얻어 동굴로 돌아왔다. 그리고 햇빛이 들어오지 않는 깊은 동굴에서 쑥과 마늘로 하루하루를 견뎠다. 그러나 며칠 되지 않아 호랑이가 투덜거리기 시작했다. 풀만 먹고 어떻게 사람이 되겠냐며 사람이 되기 전에 굶주려 죽겠다고 불만을 쏟아냈

다. 곰은 환웅 신의 말을 믿고 조금만 더 참자고 하였다. 그러나 결국 호랑이는 배고픔을 참지 못하고 동굴을 뛰쳐나갔다.

혼자 남은 곰은 쑥과 마늘만 먹으며 묵묵히 하루하루를 견디면서 사람이 되기만을 고대하였다. 환웅은 신의 도시에서 곰과 호랑이의 모습을 모두 지켜보고 있었다. 그리고 곰이 홀로 남아 배고픔을 참으면서 쓰고 매운 풀만 먹고 있는 것을 기특하게 여겼다. 이에 환웅은 3·7일, 즉 21일 만에 곰이 사람이 되도록 해주었다. 곰은 여자가 되었다.

곰이 여자의 모습으로 동굴을 나오자 신의 도시에 소문이 퍼졌다. 사람들은 곰이 여자가 되었다면서 '웅녀'라고 부르며 신기하게 여겼다. 웅녀는 매우 아름다웠지만, 사람들은 곰이었던 웅녀를 꺼리면서 가까이하려 하질 않았다.

사람이 된 기쁨도 잠시 외톨이가 되어 슬픔에 젖어 있던 웅녀는 신의 도시 신단수 앞에서 자기도 다른 여자들처럼 아이를 갖게 해달라고 기도하였다. 웅녀가 매일 홀로 신단수 앞에서 기도하자 환웅은 그 소원을 들어주기로 하였다. 환웅은 잠시 인간의 모습으로 변하여 웅녀와 혼인하였다. 웅녀는 곧 임신하여 사내아이를 낳았으니, 이 아이가 바로 단군이다.

단군은 자라서 신의 도시 아사달에 나라를 세우고 나라 이름을 조선이라고 하였다. 단군이 조선을 세운 때는 서기전 2333년이었다. 단군은 아사달에서 1500년간 나라를 다스리신 후 아사달산에 들어가 산신이 되었다. 이때 단군 나이 1908세였다.

5. 박혁거세왕 이야기

옛날 남쪽 진한(서기전 1세기부터 3세기경까지 지금의 경상도 지역에 형성되어 있던 삼한 중의 하나) 땅에 여섯 개의 마을이 옹기종기 모여 살았다. 마을에서 지위가 제일 높은 어른은 촌장이라고 불렀다. 여섯 마을 촌장들은 서로 모여 마을 일도 의논하고 농사도 같이 짓고 잔치도 함께 열며 평화롭게 지냈다.

어느 날 여섯 마을의 촌장들이 한자리에 모여 의논하였다. "우리 여섯 마을이 서로 도우며 산 지 오래되었소. 어려울 때마다 서로 도우며 살다가 이제 마을마다 창고가 가득하여 살기 좋은 마을이 되었소. 그런데 어려운 시기가 지나고 풍요로워지자 사람들이 노는 것만 즐기고 일은 하지 않으며, 저마다 욕심이 생겨 자기 것만 챙기고 서로 돕지도 않소. 자기만 옳다고 고집을 부리니 싸움이 그칠 날이 없소. 이제 덕이 있는 사람을 임금으로 모시고 나라를 세워 사람들에게 질서와 예의를 가르치는 것이 필요하지 않겠습니까?" 모두 좋은 생각이라며 먼저 나라의 중심을 어디에 둘 것인지를 정하자고 하였다.

모든 마을이 내려다보이는 높은 언덕으로 올라가 사방을 두루 살펴보던 중 갑자기 하늘에서 밝은 빛 한 줄기가 번쩍이더니 마을 남쪽에 있는 우물을 비추었다. 촌장들이 신기한 일이라며 빛줄기를 따라가보니 흰 말 한 마리가 무릎을 꿇고 절하는 모습이 보였다. 사람들이 모여들자 흰 말은 길게 큰 울음소리 한번 내고 하늘로 날아갔다. 말이 절한 곳을 바라보니, 박 크기만 한 커다란 자주빛 알 하나가 놓여있었

다. 촌장들이 알을 깨보니 그 안에 사내아기가 있었다. 촌장들은 곧 신성한 동쪽 냇가로 아기를 데리고 가서 씻겼다. 그러자 아기 몸에서 광채가 나면서 주변이 밝아졌다. 갑자기 새들이 모여 노래를 하였고, 짐승들이 모여 춤을 추었다. 하늘과 땅이 움직이고 해와 달이 밝게 빛났다. 촌장들은 아기가 박만 한 알에서 태어났다면서 아기의 성씨를 '박'이라고 하였다. 또한 아기를 씻기자 온 세상이 밝아졌으므로 아이의 이름을 혁거세라고 하였다. 혁거세는 세상을 밝게 비춘다는 뜻이다.

그 무렵 알영이라는 우물가에서도 특이한 일이 일어났다. 한 노파가 우물가를 지나가고 있었는데 어디선가 계룡(닭의 머리를 가진 용) 한 마리가 나타나더니 왼쪽 옆구리로 여자아기를 낳았다. 노파가 놀라며 여자아기를 받았더니 계룡은 아이를 두고 그대로 날아가 버렸다. 여자아기의 눈은 반짝이며 코도 오뚝하고 예뻤는데, 입술에 닭의 부리가 붙어 있었다. 이상하다고 생각한 노파는 아기를 북쪽 냇가에 데려가 씻겼다. 그러자 닭의 부리 같았던 입술이 떨어지고 아름다운 입술이 되었다. 노파가 계룡에게서 여자아이를 받은 이야기는 금세 촌장들의 귀에 들어갔다. 촌장들은 연이어 신기한 일이 일어난 것은 하늘의 뜻이라며 기뻐하였다. 촌장들은 여자아기가 알영이라는 우물가에서 태어났다고 하여 이름을 알영이라고 지었다. 곧 서쪽에 새로이 집을 짓고 두 어린 아기를 받들어 모시며 정성껏 키웠다.

혁거세와 알영은 보통 아이와 나르게 쑥쑥 자라 나이 13세에 벌써 어른의 모습을 갖추었다. 이에 촌장들이 모여 두 아이를 혼인시키고 혁거세는 왕으로, 알영은 왕비로 모시기로 하였다. 혁거세는 왕이 되어 나라 이름을 서라벌이라고 하였다. 이것이 신라의 시작이다. 왕이 된 혁거세는 부인 알영과 함께 농사와 누에치기 등을 알려주며 백성들을 정성껏 보살펴주었다. 백성들은 다시 평온하게 서로 도와가면서 행복하게 지내게 되었다.

왜구(일본의 해적집단)가 신라를 침범하러 왔다가 신라는 성인이 다스리는 신성한 땅이라는 소문을 듣고 두려움에 겁을 먹고 한발도 들이지 못한 채 달아났다. 또 낙랑군이 한밤중에 몰래 침입하였다가 신라사람들이 대문도 닫지 않고, 볏짚은 들판에 그대로 두고 있는 평화롭고 여유로운 모습을 보고 신라사람들은 바른 마음과 예의를 지키며 살고 있는데, 자신들은 도둑질이나 하고 있다고 부끄러워하면서 스스로 물러났다.

이처럼 혁거세와 알영이 다스리던 시대에 백성들은 풍요로웠고 서로를 아끼며 살았다. 도둑도 없었고 거지도 없을 정도였다. 집을 떠나 먼 길을 갈 때도 음식과 짐을 준비해서 다닐 필요가 없었다. 어디서나 나그네를 반기며 먹을 것과 잠자리를 제공하였기 때문이다. 여유롭고 행복이 가득하여 거리에는 늘 즐거운 노랫소리가 가득했다.

혁거세왕은 나라를 다스린 지 61년째 되는 해에 하늘로 올라갔다. 7일 만에 왕의 몸이 하늘에서 떨어졌는데, 몸과 팔다리가 따로 떨어져 있었다. 사람들이 왕의 몸을 수습해서 함께 묻으려 했는데 큰 뱀이 쫓아와 방해하였다. 그래서 따로따로 묻으니 다섯 개의 능이 되었다. 능을 지으려 할 때 뱀이 따라왔다고 하여 능의 이름은 뱀릉이라고 하였다. 왕비 알영도 세상을 떠났다.

6. 동명성왕 고주몽

옛날에 부여라는 나라가 있었다. 부여 왕 해부루는 늙도록 아들이 없었다. 해부루왕은 아들을 얻게 해달라며 산신과 수신에게 제를 올렸다. 어느 날 제사를 올리고 돌아오는 길에 곤연을 지날 때였다. 왕이 탄 말이 멈춰선 채 나아가지 않고 앞만 보며 울었다. 말은 앞에 있는 커다란 바위를 쳐다보며 울고 있었다. 해부루왕은 이상한 느낌이 들어 신하들을 시켜 바위를 치우도록 하였다. 바위를 옆으로 밀자 놀랍게도 바위 밑에서 금빛이 쏟아져 나오더니 개구리처럼 엎드려있는 어린 아기가 발견되었다. 왕이 크게 기뻐하며 말하였다. "이는 분명 하늘이 내게 주시는 아들이로다."

왕은 아이를 궁으로 데려와 이름을 '금와'라고 하였다. 금빛이 비쳤다 하여 황금을 뜻하는 '금', 아기가 엎드려있던 모습이 개구리 같다고 하여 개구리를 뜻하는 '와', 이 두 글자를 합쳐서 '금와'라 이름 짓게 된 것이다. 금와가 자라자 해부루왕은 금와를 태자로 삼았다.

하루는 신하 아란불이 왕을 찾아와 말하였다. "전하, 지난밤 꿈에 하늘의 임금께서 나타나시더니, '장차 이곳에 나의 자손이 나라를 세울 것이니 너는 이곳을 떠나거라' 하시면서 동쪽 바닷가에 가섭원이라는 땅이 비옥하니 그곳에 도읍을 세울 만하다고 하셨습니다." 해부루왕은 아란불의 말을 듣고 동쪽으로 도읍을 옮겨갔다. 이때 동쪽으로 새로 옮겨 간 곳을 '동부여'라고 불렀고, 옮기기 전의 부여는 '북부여'라고 부르게 되었다.

해부루왕이 떠난 북부여에는 스스로 하늘의 아들이라고 하는 해모수가 나타나 왕이 되었다. 어느 날 해모수가 사냥하는데, 압록강 강가에서 하백의 세 딸이 노는 것을 보았다. 하백은 압록강을 다스리는 물의 신이다. 하백의 아름다운 세 딸을 본 해모수는 그녀들을 왕비로 맞아야겠다며 압록강 강가에 커다란 궁을 짓고 화려한 방에 진귀한 음식과 맛있는 술을 준비하였다. 하백의 세 딸이 다시 놀러 나와 아름다운 궁을 구경하며 진귀한 음식과 술을 즐기다가 집으로 돌아가려 할 때, 해모수가 첫째 딸 유화를 집으로 돌아가지 못하도록 붙잡았다. 두 동생은 집으로 도망쳤다.

하백은 유화가 붙잡혀 있다는 말에 크게 노하여 해모수에게 사람을 보냈다. 중매자를 보내 정중히 혼인을 청하는 것이 마땅한 예의인데, 그런 예의도 모르냐며 꾸짖었다. 하백의 질책에 자신의 잘못된 행동을 부끄럽게 생각한 해모수는 하백을 직접 찾아가 용서를 구하기로 하였다. 하늘의 왕만이 탈 수 있다는 다섯 마리 용이 이끄는 마차, 오룡거를 불러 유화를 태우고 하백의 용궁, 바다 속 궁궐을 찾아갔다. 하백을 만나 정중히 사죄하고, 자기는 하늘임금의 아들이라 밝히고 딸과 혼인하고 싶다고 허락을 구하였다.

하백은 해모수가 정말 하늘임금의 아들인지 시험해 보자며 먼저 잉어로 변신하여 헤엄치는 모습을 보였다. 그 모습을 본 해모수는 수달이 되어 하백을 잡았다. 하백이 꿩으로 변신하여 높이 날자 해모수는 매로 변하여 꿩을 낚아챘다. 하백이 다시 노루가 되어 달아나자 해모수는 이리로 변하여 사슴을 잡았다. 이에 하백은 해모수가 진짜 하늘임금의 아들이라며 유화와의 혼인을 허락하고 잔치를 베풀었다.

결혼 잔치가 끝나갈 무렵 하백은 문득 불안한 마음이 생겼다. 비록 결혼은 했으나 해모수가 유화만 남기고 혼자 하늘나라로 떠날지도 모른다는 생각이 들었다. 고민하던 하백은 한 가지 꾀를 떠올렸다. 해모수가 하늘나라로 떠날 때 유화도 함께 갈 수 있는 방법을 생각해낸 것이다. 먼저 해모수에게 7일 후에나 깨어난다는 술을 마시게 하여 깊이 취하게 하였다. 해모수가 취해서 잠이 들자 하백은 해모수와 딸 유화를 가죽 주머니에 함께 넣고 오룡거에 실었다. 주인을 실은 오룡거가 하늘을 향해 움직였다. 그러나 오룡거가 물속을 다 빠져나가기도 전에 해모수가 술에서 깨어났다. 가죽 주머니 속에 갇힌 것을 알고 유화의 머리에 꽂혀 있던 비녀를 뽑아 가죽 주머니에 구멍을 뚫고는 연기가 되어 홀로 하늘로 사라졌다. 해모수가 사라진 오룡거는 유화만 남은 가죽 주머니를 물속에 빠뜨리고 사라졌다. 딸이 해모수와 함께 하늘에 오르기를 바랐던 하백은 홀로 남은 유화를 우발수로 보내 혼자 살도록 하였다.

한편, 새로이 도읍을 옮겨 동부여를 다스리던 해부루왕이 죽자 태자였던 금와가 왕위를 이어받았다. 금와왕이 태백산 남쪽을 순례하다가 우발수 강가에서 혼자 사는 여인을 만났다. 아무도 살지 않는 곳에 여인이 홀로 사는 것이 이상하여 무슨 일로 이곳에 살고 있는지를 물었다. 여인은 자기 이름이 유화라며 해모수와 있었던 지난 일을 설명하였다. 유화의 말을 들은 금와왕은 그녀를 불쌍히 여기고 해모수왕의 왕비라며 궁으로 모셨다.

유화가 궁에 머물자 햇빛이 따라다니며 그녀를 비추었다. 계속 햇빛을 받던 유화가 임신을 하였다. 때가 되어 출산을 하는데 아기가 아니라 커다란 알을 하나 낳았다. 금와왕은 사람이 알을 낳은 것은 괴이한 일이라며 알을 내다 버리라고 하였다. 알을 돼지우리에 버렸더니 돼지들이 알을 따뜻하게 감싸며 보호하였다. 다시 길에다 버렸더니 소와 말들이 피해 다녔다. 사람이 다니지 않는 깊은 숲속에 내다 버려

도 새와 짐승이 다가와 털로 덮어주며 보호해주는 것이었다. 금와왕이 이를 이상히 여기고 다시 유화부인에게 돌려주라 명하였다. 유화부인이 알을 천으로 감싸며 따뜻하게 보호하였더니 얼마 후 마침내 알이 깨지면서 사내아이의 우렁찬 울음소리가 궁 안에 퍼졌다. 아이는 벌써 눈코입이 또렷하고 맑았으며 갓난아이임에도 체격이 제법 건장하였다.

아이는 태어난 지 한 달 만에 말을 하였고, 파리들이 눈에 달라붙어 잠을 편히 잘 수 없다며 어머니에게 활과 화살을 만들어 달라고까지 하였다. 유화부인이 나무로 활과 화살을 만들어주자 물레 위에 앉은 파리를 쏘는 것마다 모두 맞추었다. 당시 부여사람들은 활 잘 쏘는 사람을 주몽이라 불렀는데, 아이가 활을 잘 쏘아 이름이 주몽이 되었다.

금와왕에게는 일곱 명의 왕자가 있었다. 주몽은 궁에서 그들과 함께 자랐는데, 왕자들 중 누구도 주몽의 재주를 따라가지 못하였다. 왕자들은 주몽의 재주를 시기하고 미워하더니 마침내 주몽을 없애자고 뜻을 모았다. 그들은 함께 사냥을 가자며 주몽을 숲으로 데려갔다. 주몽이 사슴을 잡자 왕자들은 칭찬하는 척하며 모여들더니 신하들을 시켜 주몽을 붙잡았다. 주몽을 끌고 깊은 숲속으로 들어가 커다란 나무에 움직이지 못하게 묶어두고는 궁으로 돌아왔다. 왕자들은 아무리 재주가 뛰어난 주몽이라도 이제는 꼼짝없이 죽게 되었다고 기뻐하였다.

나무에 묶인 채 혼자 남게 된 주몽은 매우 슬펐다. 어린 시절 함께 놀았던 왕자들이 이제 자신을 죽이려고 하니 옛날처럼 같이 지낼 수 없다는 생각에 마음이 무거웠다. 이제 더 이상 궁에 머물 수 없다고 판단한 주몽은 부여를 떠나기로 결심하였다. 주몽은 묶여 있는 나무를 뿌리째 뽑아 등에 짊어지고 집으로 돌아왔다.

주몽이 살아서 집으로 돌아왔다는 말을 듣고 크게 놀란 태자 대소는 금와왕을 찾아가 주몽을 없애야 한다고 호소하였다. 주몽은 사람의 자식이 아니라면서 나중에 부여에 어떤 해를 끼칠지 모르니 일찌감치 제거하는 것이 나라와 왕실을 위한 일이라고 주장하였다. 태자의 말을 들자 혼란스러워진 금와왕은 주몽에게 말 돌보는 천한 일을 시키며 그의 행동을 좀 더 살펴보자고 하였다.

말을 돌보게 된 주몽은 명마(매우 우수한 말)를 알아보고 그 말은 먹이를 조금만 주었다. 먹이를 충분히 주었던 다른 말들은 모두 통통하게 살이 쪘는데, 주몽이 일부러 먹이를 거의 주지 않았던 명마는 점점 살이 빠져 마르고 힘이 없어 비실비실하였다. 제대로 먹지 못하니 털도 듬성듬성 빠져 보기조차 흉하였다. 다른 말들은 열심히 보살폈다. 어느 날 주몽이 일하는 모습을 살피러 마구간에 온 금와왕은 한 마리를 빼고 모든 말들이 다 살찌고 털에 윤기도 나자 기뻐하면서 주몽을 칭찬하였다. 금와왕은 살찐 말들은 자신이 타고 볼품없이 비쩍 마른 말은 주몽에게 상으로 주었다. 살이 빠져 보기 흉한 말을 갖게 된 주몽은 밤낮으로 보살피며 좋은 먹이를 충분히 주었다. 말은 금세 건강하고 강한 말로 변해 명마의 모습을 되찾았다.

왕자들은 계속 주몽을 없앨 기회를 엿보았다. 주몽의 어머니 유화부인이 왕자들의 음모를 알아챘다. 유화부인은 아들을 불러 어서 부여를 떠나는 것이 좋겠다며 왕자들이 해치려고 한다는 것을 알렸다. 부여에 계속 있다가 언제 봉변을 당할지 모르니 차라리 다른 곳에서 능력을 펼치는 것이 좋겠다고 하였다.

주몽은 어머니의 말을 듣고 그동안 뜻을 같이해왔던 친구들과 부여를 떠났다. 강을 건너려는데, 강가에 배는 없고 어느새 주몽을 없애려는 왕자들의 무리가 쫓아오고 있었다. 이때 주몽이 활로 물을 크게 내리치며 말했다. “나는 천제의 자손이며 하백의 외손이다. 나를 위하여 다리를 놓아라.” 그러자 갑자기 물고기와 자라 떼가 나타나 물 위로 다리를 만들었다. 주몽과 친구들이 강을 건너자 물고기와 자라 떼가 흩어져 쫓아오던 왕자의 무리는 강을 건널 수 없었다.

무사히 강을 건넌 주몽과 친구들이 커다란 나무 밑에서 쉬고 있는데, 비둘기 한 쌍이 머리 위를 맴돌았다. 주몽이 비둘기를 발견하고 활을 쏘았다. 비둘기 한 쌍이 주몽의 화살에 떨어졌다. 무슨 일인가 묻는 친구들에게 주몽이 말하였다. “내가 갑자기 서둘러 어머니와 헤어지게 되어 슬퍼하다가 어머니께서 싸주신 보리 씨앗을 잊고 왔더니, 어머니께서 비둘기를 날려 보리 씨앗을 보내주셨네.” 그리고 떨어진 비둘기의 목을 벌려 보리 씨앗을 꺼내고 비둘기들에게 물을 뿜어 주었다. 그러자 비둘기들이 다시 살아나서 날아갔다.

주몽은 친구들과 함께 남쪽 졸본 땅에 도착하였다. 산 높고 물 깊은 졸본 땅에 '고구려'라는 새 나라를 세웠다. 하늘의 자손이 세운 나라로 높고 귀하다는 뜻을 담아 나라 이름에 '고(高)'를 붙이고, 자신의 성씨도 따라서 '고'라고 하였다. 이때부터 '고구려'를 세운 '고주몽'으로 불렸다. 주몽의 나이 22세였다.

고구려 지역 위로 비류국이 있었다. 주몽은 사냥을 나갔다가 비류국의 왕 송양을 만나게 되었다. 송양이 주몽을 보고 말했다. "나는 비류의 왕으로 우리는 대대로 이곳에서 왕을 지냈소. 그대가 고구려를 새로 세웠다 하나 이곳은 땅이 좁아 두 왕이 필요 없소. 새로 시작한 나라에는 부족한 것도 많을 터이니 앞으로 나와 우리 비류를 섬기는 것이 어떻소?" 주몽이 송양의 말을 듣고 말했다. "나는 천제의 자손으로 천명을 받아 나라를 세웠으니 그 누구도 섬길 수 없소. 오히려 그대가 천제의 후손인 나를 섬겨야 할 것이오." 주몽의 말을 들은 송양은 활쏘기 시합으로 누가 이곳의 왕인지 결정하자고 하였다. 송양은 백 걸음도 안 되는 곳에 사슴 그림을 놓고 활을 쏘았는데 맞추지 못하였다. 주몽은 백 걸음 밖에 옥가락지를 두고 화살을 쏘았다. 옥가락지가 기왓장 부서지는 소리를 내며 깨졌다. 송양은 주몽의 활 솜씨에 놀라 슬며시 자리를 피하였다. 송양은 다시 오래된 비류의 궁궐을 보이며 전통 있는 왕조라고 자랑하였다. 주몽은 일부러 썩은 나무로 궁궐을 지어 송양을 초대하였다. 주몽의 궁궐이 천년이나 지난 듯 보이자 오랜 전통을 자랑하던 송양은 아무런 말도 못 하였다.

주몽이 서쪽 숲에서 사냥하다가 우연히 흰 사슴을 잡았다. 주몽은 흰 사슴을 높은 나무에 매달고 말하였다. "너는 하늘에 나의 말을 전하여 비류가 물에 잠기게 하여라. 그렇지 않으면 다시는 살아서 돌아가지 못할 것이다." 주몽의 말에 사슴이 구슬피 울기 시작하였다. 곧 이어 비가 내리기 시작하더니 7일 내내 비류에 비가 쏟아졌다. 비류가 잠기고 백성들이 살려달라고 허우적거렸다. 놀란 송양이 주몽에게 나라를 들어 항복하였다.

얼마 후 산과 계곡이 모두 어두워지고 보이는 것은 없는데, '뚝딱뚝딱' 거리는 소리 '어영차' 소리만 울려 퍼졌다. 7일 만에 어둠이 걷히더니 금빛 찬란한 새 궁궐이 우뚝 솟아 있었다. 왕이 하늘에 감사의 제사를 올리고 새 궁궐에 들어가 살았다. 왕은 이제 하늘과 땅을 오가며 나라를 다스렸다. 나라를 세우고 다스린 지 19년 9개월 만에 왕이 하늘에 오르기를 바라니, 하늘에서 황룡이 내려와 왕을 태우고 하늘로 올라갔다.

7. 토끼와 거북이

동해 바다 용궁에 큰 고민이 생겼다. 얼마 전부터 동해 용왕이 원인 모를 병을 앓게 되었는데, 유명한 의사들이 모두 와서 치료해보려 했지만 전혀 소용이 없었다. 병의 원인을 아는 의원조차 없었다. 병세가 점점 깊어지자 혹시라도 용왕이 돌아가시지 않을까 신하들은 안절부절못하고 속만 태우고 있었다.

그러던 어느 날 남쪽 바다에서 온 한 의사가 용왕을 진찰하더니 병을 치료할 수 있는 약이 하나 있다고 하였다. 의사의 말에 신하들이 크게 기뻐하면서 어떤 약인지 물었다. 의사는 잠시 머뭇거리더니 치료약이 있기는 한데 이곳 바다에서는 구할 수 없는 것이라고 하였다. 토끼의 간을 먹으면 병을 낫게 할 수 있는데, 토끼는 바다가 아니라 육지에 사는 동물이라 구할 방법이 없다는 것이었다. 기쁨에 들떠 있던 신하들이 갈 수 없는 육지에 약이 있다는 말에 크게 실망하였다.

안타까운 사연이 용궁을 넘어 동쪽 바다까지 알려졌다. 이야기를 들은 거북이가 서둘러 용궁을 찾아갔다. 자기가 토끼의 간을 구해올 수 있다며 용왕님을 만나게 해달라고 하였다. 용왕님을 만난 거북이는 자기는 바다에서 헤엄치고 다니지만, 발이 있어서 육지에서도 다닐 수 있다고 하였다. 다만, 토끼가 어떻게 생겼는지 모르니 토끼의 생김새를 알려 달라고 하였다. 신하들은 급히 화공을 불러 남쪽 바다에서 온 의사의 설명대로 토끼를 그리게 하였다. 얼굴 크기만 한 두 귀가 길게 위로 뻗어 있고, 두 눈은 동그랗고, 다리는 네 개에 몸은 하얀 털로 덮여 있는 토끼 그림을 받아들고 거북이는 서둘러 육지를 향해 헤엄쳐 갔다. 떠나는 거북이를 향해 모든 신하가 손을 흔들며 꼭 약을 갖고 돌아오라고 당부하면서 희망과 기쁨에 들썩였다.

육지로 올라온 거북이는 곧바로 토끼를 찾기 시작하였다. 토끼가 풀밭에서 살고 있다는 말을 듣고 온 거북이는 풀 속을 이리저리 살피며 엉금엉금 기었다. 한참을 찾아다니던 중 그림처럼 정말 두 눈은 동그랗고, 두 귀가 길며 하얀 털이 덮여 있는 토끼를 발견하였다. "토끼님"하고 반갑게 불렀다. 부르는 소리에 놀란 토끼가 돌아보자 거북이는 조심스럽게 기어가며 말을 걸었다.

거북이는 동쪽 바다 용왕의 명을 받고 토끼를 만나러 왔다고 자신을 소개하였다. 눈을 동그랗게 뜨고 무슨 일로 자기를 만나러 왔느냐고 토끼가 물었다. 거북이는 바닷속 용왕님이 육지 이야기를 듣고 싶다고 하시는데, 이에 지혜롭기로 소문난 토끼님을 모시러 왔다고 거짓말을 하였다. 토끼의 흥미를 끌려고 아름다운 용궁을 자랑하며, 용궁에 가면 갖가지 맛있는 음식이 끊이지 않고 토끼를 모시는 하인들이 늘 옆에 대기하고 있을 것이므로, 토끼는 힘든 일 하지 않고 그저 용왕님 옆에서 육지 이야기만 해주면 된다는 것이었다.

토끼는 거북이 말에 귀가 솔깃했다. 육지 이야기해주는 것은 어려운 일이 아님에도 실컷 먹고 편안하게 살 수 있다니, 생각만 해도 신나는 일이었다. 그러다 문득 한 가지 고민거리가 떠올랐다. 육지에 살면서 물속에 가본 적이 전혀 없는 자기가 어떻게 바닷속을 헤엄쳐 용궁을 갈 수 있을지 방법을 몰랐다. 걱정스러운 표정으로 거북이에게 묻자, 거북이는 그저 자기 등에 올라타기만 하면 되니까 걱정하지 말라고 안심시켰다. 고민이 풀렸다. 토끼는 날아갈 듯 기뻤다. 숲에서 늘 사나운 동물에게 쫓기며 살았는데, 이제 용왕의 신하가 되어 하인들까지 거느리고 살면서 먹고 싶은 것 실컷 먹을 수 있다는 생각에 마음이 급해졌다. 토끼는 서둘러 거북이 등에 올라타고 용궁으로 출발하였다.

거북이 등에 탄 토끼는 물속에 들어가자마자 처음 보는 바닷속 풍경을 둘러보며 황홀해졌다. 이름도 모르는 크고 작은 색색의 물고기들이 살랑거리는 물속은 신기한 색깔을 띠고 있어 무척 아름다웠다. 물속이 이 정도인데 용궁은 또 얼마나 멋질까. 이런 곳에서 사나운 동물의 위협을 벗어나 평생 하인을 부리며 용왕 옆에서 산다고 생각하니 토끼는 행복했다. 용궁이 보이자 거북이도 신이 났다. 용왕이 건강을 회복하고, 사신은 큰 상을 받게 될 것이라는 생각에 기분이 좋아져 자기도 모르게 콧노래가 나왔다.

토끼가 거북이의 흥겨운 노랫소리를 듣고는 왜 그렇게 기분이 좋으냐고 물었다. 그러자 거북이는 얼마 후면 죽게 될 토끼에게 거짓말

한 것에 약간 미안한 마음이 들어 사실대로 말해주었다. 너를 데려가는 것은 육지 이야기를 듣고 싶어서가 아니라 용왕의 병을 고치기 위해 너의 간이 필요하기 때문이라고 말해주었다. 순간 토끼는 자기 간이 약으로 사용된다는 것은 곧 자기가 죽게 된다는 것을 깨닫게 되었다. 영리한 토끼가 꾀를 내어 말했다. "거북아, 바다에 사는 동물들은 잘 모르나 본데, 우리 토끼들은 육지에서 여우나 호랑이에게 쫓기며 살아야 하는 신세라 늘 도망갈 준비를 하며 지낸단다. 사나운 맹수가 언제 나타날지 모르기 때문에 재빨리 달아나기 위해 늘 몸을 가볍게 하느라 무거운 간은 빼서 안전한 곳에 숨겨두고 다닌단다." 하면서 거북이가 너무 서두르는 바람에 자기도 숨겨두고 온 간을 미처 생각하지 못했다고 하였다. 그러면서 용왕의 병을 고치기 위해 간이 필요하다니 어서 다시 육지로 돌아가서 간을 가지고 오자며 거북이에게 육지로 되돌아가자고 재촉하였다.

간을 두고 다닌다는 토끼의 말을 처음 들은 거북이는 놀라서 믿을 수 없었지만, 용왕님을 위해 어서 빨리 가서 가져오자는 토끼의 성화에 자기도 모르게 방향을 돌렸다. 육지 동물에 대해 잘 모르는 거북이는 간을 두고 온 토끼를 용궁으로 데려가 봤자 아무 소용이 없다고 생각했다. 게다가 어서 가서 가져오자는 토끼의 말이 고맙기까지 하였다. 거북이는 토끼를 업고 다시 육지로 헤엄쳐 올라갔다.

육지에 도착한 거북이가 어서 간을 가져오라며 토끼를 내려주었다. 거북이 등에서 내려 뛰어가던 토끼가 얼마큼 뛰어가더니 거북이를 돌아보며 세상에 간을 빼놓고 사는 동물이 어디 있느냐며 거북이의 멍청함을 비웃고 도망갔다. 토끼가 사라지는 것을 보며 거북이는 자신의 어리석음 때문에 다 잡은 토끼를 놓치고 용왕을 치료할 약을 얻지 못했다고 목 놓아 울었다.

이제 바다로 돌아갈 처지도 못 된다며 차라리 죽는 것이 낫다고 생각한 거북이는 바위 위로 올라가 몸을 던지려 하였다. 이때 하늘에서 우렁찬 목소리가 들렸다. 거북이의 충성스러운 마음에 감동한 하느님이 용왕의 병을 치료할 약을 내려주면서 어서 용궁으로 돌아가라는 것이었다. 약을 받아든 거북이는 서둘러 용궁으로 돌아왔다. 하늘에서 내려준 약을 먹은 용왕은 병이 씻은 듯이 나았고, 용궁은 다시 평화로운 세상이 되었다. 용왕의 생명을 구한 거북이는 용왕으로부터 '나이'라는 상을 받았다. 나이를 상으로 받은 거북이는 동물 중에서 가장 오래 사는 동물이 되었다.

8. 수탉이 된 나무꾼

옛날 깊은 산골 외딴 마을에 한 나무꾼이 홀어머니를 모시고 살고 있었다. 나무꾼은 해가 뜨면 산에 가서 나무를 베다가 마을 사람들에게 팔며 하루하루를 지냈다. 나무꾼은 가난한 살림 때문에 결혼도 못한 채 나이가 삼십이 되었다.

어느 날, 나무꾼은 여느 때와 마찬가지로 산에서 나무를 베고 있었다. 열심히 도끼질을 하고 있는데 갑자기 숲속에서 사슴 한 마리가 뛰어오더니 제발 숨겨달라고 간절히 애원하였다. 사냥꾼이 자기를 죽이려고 쫓아온다는 것이었다. 나무꾼은 커다란 눈에 눈물을 뚝뚝 흘리며 살려달라고 부탁하는 사슴이 불쌍하여 나뭇더미 뒤에 숨겨주었다. 그리고는 아무 일 없었던 듯 계속 도끼질을 하고 있었다. 잠시 후 화살을 손에 쥔 사냥꾼이 뛰어와서 도망가는 사슴을 보았냐고 물었다. 나무꾼은 사슴이 숨은 곳과 반대 방향을 가리키며 그쪽으로 뛰어갔다고 말했다.

사냥꾼이 멀리 사라진 것을 확인한

나무꾼은 숨어있던 사슴을 불러 안심시켰다. 사슴은 나무꾼에게 절을 하더니, 목숨을 구해준 보답으로 한 가지 소원을 들어주겠다고 하였다. 뜻밖의 말을 들은 나무꾼은 한참 생각하다가 나이 삼십이 되도록 결혼을 못 했는데 장가가는 것이 소원이라고 말했다. 사슴이 고개를 끄덕이더니 흥미로운 이야기를 해주었다. "저 산꼭대기에 맑은 연못이 하나 있는데, 달이 밝은 날이면 하늘에서 선녀들이 내려와 목욕합니다. 그곳에서 기다렸다가 선녀들이 내려와 목욕하는 동안 날개옷 하나를 몰래 감추세요. 날개옷이 없으면 선녀들은 하늘에 올라가지 못합니다. 선녀가 혼자 남겨지면 그때 그 선녀에게 결혼해달라고 하세요. 한 가지, 꼭 지켜야 할 것은 선녀가 아이를 셋 낳을 때까지 날개옷은 잘 숨겨두어야 합니다."

달이 밝게 뜬 날 나무꾼은 설레는 마음으로 산꼭대기 연못으로 올라갔다. 과연 밤이 깊어지고 사방이 조용해지자 선녀들이 날개옷을 펄럭이며 내려왔다. 나무꾼은 몸을 숨기고 지켜보고 있었다. 선녀들이 날개옷을 벗고 연못으로 들어가자 살금살금 다가가 날개옷 하나를 훔쳤다. 목욕을 끝낸 선녀들이 마지막으로 날개옷을 입으려는데 한 선녀가 자기 날개옷이 없어졌다며 발을 동동 굴렀다. 함께 온 선녀들이 모두 흩어져서 찾았으나 일부러 숨긴 날개옷을 찾을 수는 없었다. 결국 날개옷이 없는 선녀만 남고 다른 선녀들은 하늘로 올라갔다.

혼자 남은 선녀는 어쩔 줄 몰라 훌쩍이며 울고 있었다. 그때 나무꾼이 선녀 앞에 나타나서 자기가 날개옷을 갖고 있다면서 자신과 혼인하고 아이를 낳아주면 옷을 돌려주겠다고 했다. 선녀는 하는 수 없이 그렇게 하기로 했다. 나무꾼과 결혼한 선녀는 첫아들을 낳았다. 아이를 낳은 선녀는 이제 날개옷을 달라고 하였다. 나무꾼은 그러나 아이를 더 낳아달라고 하였다. 선녀는 예쁜 딸을 하나 더 낳았다. 착한 나무꾼은 선녀를 항상 따스하게 대해 주었고 선녀도 아이들과 가족을 정성으로 보살폈다. 그렇게 아이를 키우며 어느새 선녀와 나무꾼은 다정한 부부가 되었다. 나무꾼은 이제 선녀가 하늘나라를 잊고 자기와 행복하게 살고 있다고 생각했다.

어느 날 저녁을 먹고 있던 선녀가 날개옷을 어디에다 숨겼는지 궁금하다며 날개옷이 상하지 않고 잘 보관되어 있는지 보고 싶다고 했다. 나무꾼은 아내를 기쁘게 해주고 싶은 마음이 앞서 아이 셋 낳을 때까지 날개옷을 주면 안 된다는 사슴의 말을 잊었다. 날개옷을 꺼내 보여주며 상한 곳 없이 잘 간직하고 있다고 자랑스럽게 말하였다. 선녀는 남편이 건네준 날개옷을 보고 오랜만에 다시 입어보고 싶다며 옷을 입고 빙그르르 돌았다. 옷에 이상이 없다는 것을 알자 갑자기 옆에 있던 두 아이를 양팔에 끼고 곧바로 하늘로 날아올랐다. 나무꾼은 눈 깜짝하는 사이에 벌어진 일에 그만 하늘만 쳐다볼 뿐이었다. 선녀가 날아간 뒤에야 아이 셋을 낳을 때까지 절대 날개옷을 주면 안 된다는 사슴의 말도 기억났다.

혼자 남은 나무꾼은 선녀와의 행복했던 시절을 생각하며 눈물로 나날을 보냈다. 문득 나무꾼은 선녀를 만나게 해준 사슴을 찾아다녔다. 자기를 도와줄 수 있는 것은 그 사슴뿐이라고 생각했다. 숲속을 찾아 헤매던 나무꾼 앞에 다시 사슴이 나타났다. 나무꾼은 사슴에게 매달려 다시 부인을 만나게 해달라고 애원하였다. 사슴은 애절한 나무꾼의 이야기를 듣고 한 번 더 도와주기로 마음먹고, 선녀들이 목욕하던 그 연못에 다시 가보라고 하였다. 나무꾼이 날개옷을 감췄던 이후로 선녀들은 목욕하러 내려오지 않고 그 대신에 커다란 두레박을 내려 연못의 물을 길어 올린다며, 두레박을 타고 하늘에 올라가라고 알려주었다.

나무꾼은 사슴이 말한 대로 연못에서 두레박이 내려오기를 기다렸다. 정말 하늘에서 두레박이 내려왔다. 나무꾼은 얼른 두레박에 올라탔다. 하늘에 오른 나무꾼은 하느님 앞에 불려갔다. 하느님은 어떻게 두레박을 타고 하늘에 오게 되었는지 물었다. 나무꾼은 사슴과 있었던 일과 선녀와 같이 살았던 일들을 이야기했다. 사정을 다 듣고 나서 하느님은 나무꾼의 아내였던 선녀를 불렀다. 나무꾼을 다시 만나게 된 선녀와 아이들은 매우 기뻐하였다. 나무꾼은 이제 하늘나라에서 가족과 함께 행복한 시간을 보내게 되었다. 나무꾼에게는 더 바랄 것이 없었다.

행복한 나날을 보내던 어느 날 나무꾼은 문득 홀로 계신 어머니가 떠올랐다. 늙고 외로운 어머니를 생각하니 마음이 무거웠다. 나무꾼이 아내에게 어머니를 한 번 만나고 올 수 있게 해달라고 부탁하였다. 아내는 하늘과 땅은 사람이 쉽게 오갈 수 있는 곳이 아니라고 하였다. 지금 지상에 내려간다면 다시는 하늘에 못 오게 될지 모른다며 말렸다. 그러나 어머니 생각이 간절했던 나무꾼은 반드시 다시 돌아오겠다고 맹세하며 거듭 간청하였다. 하는 수 없이 아내는 나무꾼을 위해 용마를 불렀다. 아내는 어머님 얼굴만 뵙고 인사만 드리고 와야 한다며 절대 말에서 내리지 말라고 하였다. 말 위에 앉은 채 인사를 나누고 그대로 하늘로 올라와야지 만약 조금이라도 땅과 접촉하여 흙을 밟거나 만지게 되면 영원히 하늘에 돌아올 수 없으니 명심, 또 명심하라고 당부하였다.

용마는 순식간에 산골 옛집에 도착하였다. 나무꾼은 큰 소리로 어머니를 불렀다. 어머니가 아들 목소리를 듣고 뛰어나왔다. 아들도 어머니 손을 잡고 안부를 물으며, 자기는 하늘나라에서 아내와 아이들을 만나 행복하게 잘 산다고 말하였다. 잠시 대화를 나눈 뒤 이제 가야 한다고 말하자 어머니가 이제 마지막이니 죽 한 그릇이라도 먹고 가라고 붙들었다. 그동안 어머니는 혹시라도 아들이 오면 먹일 수 있도록 매일같이 아들이 좋아하는 호박죽을 끓이며 기다리고 있었다. 어머니의 정성에 새삼 눈물을 흘리며 나무꾼은 말 위에서 어머니가 주는 호박죽을 받았다. 그 순간 죽그릇이 기울어지면서 뜨거운 죽이 용마의 옆구리에 흘렀다. 용마가 놀라 껑충 뛰어오르니 두 손으로 죽그릇을 건네받고 있던 나무꾼은 그만 말에서 떨어지고 말았다. 그러자 용마는 긴 울음소리를 남기고 순식간에 하늘로 사라지고 말았다.

나무꾼은 다시 혼자가 되었다. 아내가 우려했던 일이 일어난 것이었다. 나무꾼은 하늘을 쳐다보며 한탄하면서 울며 지냈다. 그렇게 나무꾼은 하늘만 쳐다보며 울다가 세상을 떠났다. 죽은 나무꾼은 수탉이 되어 가족이 있는 하늘을 올려다보며 그리움에 서글프게 울부짖었다. 수탉이 지붕 위로 올라가는 것은 하늘에 가까이 가고 싶은 마음 때문이고, 하늘을 보며 길게 우는 것은 나무꾼의 넋이 담겨 있기 때문이라고 한다.

9. 혹부리 영감

옛날 어느 마을에 노인 한 분이 살았다. 그의 오른쪽 턱에는 어깨까지 닿는 큰 혹이 달려있어서 사람들은 이름 대신 혹부리 영감이라고 불렀다. 혹부리 영감은 논도 밭도 없이 가난하여 나무를 베다 팔면서 하루하루 살고 있었다. 비록 가난은 하였으나 이웃의 일을 자기 일처럼 도와주니 이웃이 모두가 친절한 그를 좋아하였다. 혹부리 영감은 노래 부르는 것을 무척 좋아하였다. 산을 오르내릴 때, 나무를 할 때, 마을 일을 도울 때도 늘 노래를 흥얼거렸다. 어쩌다 신이 나서 큰 소리로 부를 때면 턱에 달린 혹이 흔들거리기도 하였다.

하루는 산속에서 나무를 베고 있는데 갑자기 세찬 바람이 불고 검은 구름이 몰려오더니 굵은 비가 내리기 시작하였다. 갑작스러운 비바람에 하늘까지 어두워지자 혹부리 영감은 일을 멈추고 피할 곳을 찾았다. 한참을 헤매다 울타리도 대문도 없는 작은 초가집 한 채를 발견했다. 방문 앞에 지게를 세워놓고 큰 소리로 산에서 나무하던 사람인데 갑자기 거센 비바람을 만나게 되었으니 잠시 비를 피하게 해달라고 말하였다. 몇 번을 외쳐보았으나 집안에서는 아무 대답이 없었다. 문을 두드려 보아도 대답이 없기는 마찬가지였다. 방문을 살짝 밀어보니 쉽게 열렸다. 방 안에는 아무도 없었다. 옷이나 이불 등의 살림살이도 없이 텅 비어 있었다. 혹부리 영감은 우선 비를 피하려고 방 안으로 들어갔다. 비가 그치기만을 기다리며 우두커니 앉아 하늘만 쳐다보고 있었다. 한참이 지나 날은 어두워지면서 혹부리 영감은 스르르 잠이 들었다.

어디선가 들리는 시끌벅적한 소리에 혹부리 영감은 눈을 떴다. 문 밖을 보니 숲속에서 희미한 불빛이 나타났다 사라졌다 하였다. 사람은 보이지 않고 불빛만 점점 선명해지면서 가까이 다가오고 있었다. 혹부리 영감은 무서워 소름이 돋았다. 얼른 방 한쪽 구석에 있는 다락문 같은 작은 문을 열고 그 안에 숨었다. 시끄러운 소리와 함께 파란 불빛, 빨간 불빛이 방안으로 들어오더니 갑자기 도깨비로 변하였다. 머리에 뿔이 달린 도깨비들이 손에는 방망이를 들고 있었다. 말로만 듣던 도깨비를 처음으로 본 혹부리 영감은 떨리는 몸을 웅크리고 숨소리를 죽이고 있었다.

방 안에 모인 도깨비가 방망이를 휘두르며 '떡 나와라, 뚝딱' 하니 떡이 눈앞에 나타났고 이어 '술 나와라, 뚝딱' 하니 술병이 나타났다. 도깨비들이 주문을 외우는 대로 방안 가득 잔치 음식이 쌓였고 북과 장구도 등장하였다. 도깨비들은 신나게 먹고 마시며 북 치고 장구 치고 노래 부르고 춤까지 추었다. 험상궂은 얼굴로 흥겹게 노는 도깨비들은 왠지 무섭기보다는 귀엽게 보였다. 조심스럽게 훔쳐보고만 있던 혹부리 영감은 어느새 무서움은 사라지고 점차 흥이 나서 자기도 모르게 장단에 맞춰 노래를 따라부르고 있었다. 밤이 깊을수록 흥이 더해져 도깨비들의 노랫소리가 커지자 혹부리 영감도 더욱 큰 목소리로 노래를 불렀다.

낯선 소리에 도깨비들이 노래를 멈추었다. 그러나 제 흥에 겨워 도깨비들이 노래를 멈춘 것도 모른 채 혹부리 영감은 계속 큰 소리로 노래를 불렀다. 도깨비들이 소리가 나는 다락문을 열자 화들짝 놀라 노래를 멈춘 혹부리 영감은 이제 꼼짝없이 '죽었구나' 생각하고 눈을 질끈 감았다. 도깨비들은 신기한 듯 혹부리 영감을 이리저리 살펴보며

수군거리더니 한 도깨비가 말을 꺼냈다. 어떻게 그렇게 좋은 목소리로 노래를 부를 수 있느냐며 다시 불러보라고 하였다. 다른 도깨비들도 덩달아 어서 불러보라고 재촉하였다.

혹부리 영감은 도깨비의 뜻밖의 행동에 어쩔 줄 몰랐으나 곧 놀란 마음을 진정하고 노래를 부르기 시작하였다. 노랫소리에 신이 난 도깨비들이 노래에 맞춰 덩실덩실 춤을 추며 좋아했다. 북과 장구는 저절로 장단을 맞추고 있었다. 흥에 취한 도깨비들은 혹부리 영감의 손을 잡아끌며 떡도 주고 술도 주며 같이 놀자고 하니 혹부리 영감도 모든 것을 잊은 채 도깨비와 하나가 되어 즐겼다.

얼마가 지나자 춤과 노래를 멈추고 도깨비들이 혹부리 영감에게 다가와 어디서 그렇게 멋진 소리가 나는 것이냐고 물었다. 갑작스러운 질문에 당황한 혹부리 영감이 소리는 목에서 나오는 것이라고 대수롭지 않게 답하였다. 그러자 소리가 목에서 나는 것은 알겠는데 어떻게 영감의 노랫소리처럼 특별할 수 있느냐고 거듭 물었다. 대답을 못 하고 있던 순간 한 도깨비가 비밀을 알았다는 듯이 영감의 혹을 가리켰다. 영감이 노래할 때마다 턱에 달린 혹이 흔들리는 것을 보니 멋진 소리는 이 혹에서 나는 것이라고 자신만만하게 주장했다. 이 말에 다른 도깨비들이 고개를 끄덕이며 옳다고 맞장구쳤다. 혹부리 영감의 목소리를 갖고 싶어진 도깨비들은 돈은 얼마든지 줄 것이니 혹을 떼어달라고 하였다.

노래 주머니가 아니라 목에 생긴 단순한 혹일 뿐이라고 아무리 설명해도 도깨비들은 믿으려 하지 않았다. 노래 주머니를 주기 싫어서 하는 거짓말이라고 수군덕거렸다. 서로 옥신각신하는 가운데 날이 밝아오고 있었다. 한 도깨비가 영감에게 다가와 방망이를 흔들며 무어라 중얼거렸다. 혹부리 영감은 '아이구, 이제 정말 죽었구나' 하며 눈을 감았다. 얼마가 지나 아무 소리도 들리지 않자 혹부리 영감이 살며시 눈을 떠보았다. 둘러보니 도깨비들은 보이지 않고 금은보화가 가득 담긴 자루만 덩그러니 놓여있었다. 이상한 느낌이 들어 턱을 만져보니 커다란 혹이 감쪽같이 사라졌다. 마음씨 착한 혹부리 영감은 너무 좋아서 도깨비들이 처음 나타났던 숲을 향해 절을 하였다. 나무 대신 금은보화가 담긴 자루를 짊어지고 집으로 돌아온 혹부리 영감은 큰 부자가 되었다.

그의 이야기는 금세 이웃 마을까지 퍼졌다. 이웃 마을에 욕심 많은 부자가 살고 있었는데, 그도 턱에 커다란 혹이 있었다. 부자 영감이 소문을 듣고 혹부리 영감을 찾아와 자기가 들은 이야기가 사실인지 그리고 어떻게 혹을 떼게 되었는지 꼬치꼬치 캐물었다. 마음씨 착한 혹부리 영감은 산속에서 겪었던 일을 빠짐없이 설명해주었다.

꿈에 부풀어 부자 혹부리 영감은 서둘러 당나귀를 타고 산으로 향했다. 당나귀 양옆에 금은보화를 담을 커다란 가죽 주머니를 매달고 산속에 있다는 빈 초가집을 찾아갔다. 혹도 떼고 금은보화도 얻을 생각에 처음 가는 산길이 무섭지도 않았다. 마침내 빈집에 도착한 부자 혹부리 영감은 들었던 대로 다락으로 들어가 도깨비들이 오기를 기다렸다. 과연 밤이 되자 도깨비들이 나타났다. 도깨비들은 방망이를 휘둘러 맛있는 음식과 술을 차려 놓고 노래를 부르고 춤을 추며 놀았다. 부자 혹부리 영감은 모든 것이 산골 혹부리 영감의 말과 똑같다고 좋아하며 도깨비를 따라 노래 부르기 시작하였다. 예상대로 도깨비들이 소리를 듣고 부자 혹부리 영감에게 우르르 몰려왔다. 부자 혹부리 영감이 자기 혹을 가리키며 소리가 이 혹에서 나오는 것이라고 우쭐대며 자랑하였다.

그러자 도깨비들이 버럭 화를 내며 혹에서는 아무 소리도 나지 않는 것을 알고 있다며 자기들을 속이려 한다고 호통을 쳤다. 겁에 질린 부자 혹부리 영감이 놀라 도망치는데 도깨비방망이가 저절로 따라오더니 '거짓말쟁이, 거짓말쟁이' 하면서 사정없이 때렸다. 정신없이 매를 맞게 된 부자 혹부리 영감이 도깨비들에게 용서해달라고 빌었다. 때마침 새벽이 가까워지자 한 도깨비가 방망이를 흔들며 무어라 중얼거린 후 사라졌다. 땅에 엎드려 용서를 구하던 부자 혹부리 영감은 주위가 조용해지자 조심스럽게 고개를 들었다. 도깨비들은 보이지 않고 방안은 텅 비어 있었다. 허겁지겁 도깨비 집에서 뛰쳐나와 나귀를 탈

정신도 없이 집으로 달려 도망 온 부자 혹부리 영감을 보고 부인이 기겁하여 소리를 질렀다. 턱에 혹이 하나 더 붙어 있었던 것이다. 도망 오느라 정신이 없었던 부자 혹부리 영감이 집에 도착해서야 비로소 혹이 하나 더 붙어 있는 것을 알아차렸다. 혹 떼려고 갔다가 오히려 혹 하나를 더 붙이고 실컷 매만 맞고 온 것이었다. 이후로 산속에서 도깨비 집을 본 사람은 아무도 없었다.

10. 김현과 호랑이 처녀

신라에는 해마다 봄이 되면 반달이 뜨는 8일부터 보름달이 되는 15일까지 젊은 남녀들이 탑돌이(탑을 돌며 소원을 비는 행사)를 하며 복을 비는 풍속이 있었다. 김현이란 총각이 흥륜사 절에서 탑돌이를 하고 있었다. 해가 지는 줄도 모르고 탑을 돌다 보니 어느덧 하나둘 모두 집으로 돌아가고 한 여인과 둘만 남아 늦도록 탑을 돌고 있었다. 두 사람은 서로 관심을 보이더니 이내 마음이 통하였다. 탑돌이를 마친 김현과 여인은 서로 사랑을 나누었다.

밤이 깊어지자 처녀가 집으로 돌아가려 하였고 김현은 여인을 따라갔다. 처녀는 따라오지 말라고 말렸지만, 김현은 귀한 부부의 인연을 맺게 되었으니 부모님께 인사를 드리고 청혼하는 것이 예의라며 따라나섰다. 인적 드문 산골짜기에 허름한 오두막이 한 채 있었는데, 처녀가 그 집으로 들어갔다. 노파가 처녀를 반기다가 문득 뒤를 따라온 김현을 보고 놀라 누구인지 물었다. 처녀가 탑돌이를 하면서 만난 것을 설명하고, 김현은

공손히 노파에게 인사를 올리고 결혼을 허락해달라고 청하였다. 노파는 믿음직한 신랑이 생긴 것은 좋은 일이지만, 처녀의 오빠들이 어찌 생각할지 걱정스럽다면서 우선 들키지 않도록 조심하라고 당부하였다. 처녀는 김현을 이끌고 집 한구석 깊숙한 곳으로 데리고 가더니 잠시 숨어 기다리라고 하였다.

영문도 모른 채 처녀의 말대로 몸을 숨기고 있었더니 잠시 후 커다란 호랑이 세 마리가 큰 소리로 '어흥' 거리며 집안으로 들어왔다. 한 마리가 집안에서 사람고기 냄새가 난다고 하면서 이리저리 코를 킁킁거리며 다녔다. 배가 고픈데 마침 잘되었다면서 떠드는 소리에 김현은 그저 놀라 숨죽이고 있었다. 호랑이들이 주고받는 말에 노파가 자신과 딸이 잠시 인간 모습을 하고 있어서 사람 냄새가 나는 것이라며 집안에서 웬 소란이냐고 꾸짖었다.

야단을 맞은 호랑이들이 노파의 말에 움찔하며 조용해졌다. 이때 하늘에서 천둥 번개가 요란하더니 목소리가 울려 퍼졌다. "너희 호랑이는 들어라. 너희의 악행이 나날이 늘어 사람 죽이기를 가볍게 여기니 너희의 목숨으로 대가를 치르리라." 세 호랑이가 놀라 엎드려 용서를 빌면서 살려달라고 애원하였다. 목숨으로 죗값을 치르라는 소리에 세 호랑이가 서로 눈치를 보며 자기가 죽게 될까 봐 두려움에 떨었다. 이 모습을 본 처녀가 세 호랑이에게 말하였다. "오빠들이 더는 사람을 죽이지 않고, 깊은 숲속으로 들어가 다시는 이곳에 나타나지 않겠다고 약속한다면 제가 대신 목숨을 내놓겠어요."

세 호랑이가 여동생의 말을 듣고 살았다고 안도하며 기뻐하였다. 그들은 당장 이곳을 떠날 것이고, 다시는 사람을 잡아먹지 않겠다고 약속하였다. 동생의 마음이 행여나 바뀔까 세 마리의 호랑이는 말을 마치자마자 쏜살같이 집을 뛰쳐나갔다.

처녀가 김현에게로 돌아와 사정 이야기를 하였다. "저는 이 산속에 사는 호랑이 가족의 막내입니다. 저와 같은 미물(작고 변변치 못한 사람이나 물건)을 아내로 여기시고 부부의 인연을 맺었으니 그 은혜가 큽니다. 저의 오빠들은 유난히 거칠어 이 산속에서 많은 생명을 해쳤습니다. 제가 대신 탑돌이를 하며 용서를 빌었지만 결국 하느님께서도 더 이상 용서하지 않으시고 벌을 내리셨습니다. 이제 제가 가족의 벌을 대신 받아 집안의 재앙을 끝내려 합니다. 그런데 이왕 죽을 바에 도련님 손에 죽고 싶습니다. 제가 며칠 동안 마을에 내려가 사람들에게 겁을 주면 임금님은 반드시 많은 상금과 벼슬을 내걸고 호랑이를 잡으라고 하실 겁니다. 그러면 그때 도련님이 나서십시오. 도련님이 마을에 나타나시면 저는 북쪽 숲으로 도망갈 테니 따라오시면 됩니다." 그 말을 듣고 놀란 김현은 처녀의 제안을 거절하였다. "우리는 이미 부부의 인연을 맺었습니다. 그런데 이제 종족이 다르다고 아내가 죽는 것을 기회로 벼슬을 얻으라는 것은 있을 수 없는 일입니다." 그러자 처녀가 다시 말했다. "제가 지금 젊은 나이에 죽게 된 것은 하늘의 명령에 따른 것이므로 피할 수 없는 일입니다. 그러나 제가 죽는 것은 제 가족을 위한 것이니 기쁜 일입니다. 또 오빠 호랑이들이 더 이상 나타나지 않으면 사람들의 걱정도 사라지니 이 또한 좋은 일입니다. 아울러 제가 도련님 손에 죽으면 도련님이 벼슬을 얻을 수 있으니 도련님 집안의 경사가 될 것입니다. 제 한 몸 죽어서 이렇게 많은 이로움이 있으니 저의 죽음은 헛되지 않습니다. 다만 절을 세워 다음 생을 위해 기도해주신다면 더 바랄 것이 없습니다." 김현은 가족을 위해 희생하면서 더불어 자신에게도 보답하겠다는 처녀의 마음을 돌릴 수 없었다. 결국 처녀의 말을 따를 수밖에 없었다.

다음날 과연 마을에 한 마리 호랑이가 나타나 마을 사람들이 두려움에 떨었다. 호랑이는 마을 사람들을 할퀴며 쓰러뜨렸다. 다음날도, 또 다음날도 호랑이가 나타나 횡포를 부리니 임금님이 사는 궁궐에까지 알려지게 되었다. 왕은 호랑이를 잡는 사람에게 특별히 높은 관직을 내리겠다고 하였다. 이에 김현이 대궐에 들어가 자신이 그 호랑이를 잡아 오겠다고 하고 호랑이가 나타난 마을로 갔다.

허리에 칼을 차고 나타난 김현을 보자 호랑이는 북쪽으로 달아나는 척하였다. 김현이 그 뒤를 따라갔다. 숲에 이르자 호랑이는 처녀로 변해 반갑게 웃으며 김현을 맞이하였다. 처녀는 자기에게 할퀴거나 물린 사람들의 상처는 흥륜사 절의 장을 바른 후 절에서 부는 나팔 소리를 듣게 하면 낫는다고 가르쳐주었다. 그리고 김현에게 지난날 맺은 부부의 정을 잊지 않겠다는 말을 남기고 김현이 차고 있던 칼을 빼 스스로 목을 찔렀다. 처녀가 넘어진 자리에는 커다란 호랑이 한 마리가 죽어있었다.

슬픔을 감추고 김현은 숲에서 나와 호랑이를 잡았다고 알렸다. 그리고 호랑이에게 물린 사람들에게 처녀가 가르쳐 준 치료법을 알려주니 깨끗이 나았다. 김현이 호랑이를 없애고 다친 사람들의 상처까지 치료해주자, 임금님은 특별히 큰 벼슬을 내렸다. 김현은 곧 절을 세워 호랑이 처녀를 애도하며 호원사라고 이름을 지었다. 그리고 하룻밤 부부의 인연으로 목숨까지 바쳐 자신을 출세하게 해준 은혜에 보답하고자 매일 불경을 읽으며 호랑이 처녀의 명복을 빌었다. 김현은 자신이 겪은 기이한 일을 글로 남겼다. 김현이 죽은 후에 비로소 김현과 호랑이 처녀의 이야기가 세상에 알려졌다.

11. 설씨녀 이야기

신라 밤마을이라는 곳에 가난한 설 씨가 딸 하나를 키우며 살았다. 비록 이름 없고 가난한 집안이지만 설 씨의 딸은 얼굴이 곱고 행실이 단정하여 마을 사람들의 칭찬이 자자하였다. 설씨녀의 아버지는 몸이 쇠약하여 나이가 들면서 이러저러한 병에 시달리고 있었다. 엎친 데 덮친 격이라고 이때 나라에 변이 생겨 병들고 늙은 설씨녀의 아버지는 군인으로 전쟁에 나가게 되었다. 그녀는 늙고 병든 아버지가 전쟁에 나가게 되면 싸움터에 가기도 전에 목숨을 잃게 될 것이라고 걱정하였다. 설씨녀는 여자의 몸이라 아버지를 대신하여 군인이 될 수도 없고 그렇다고 아버지를 모시기 위해 군대를 따라다닐 수도 없었으므로 그저 근심만 가득하였다.

이때 이웃 마을 사량부에 가실이라는 젊은이가 살고 있었다. 가실은 볼품없는 생김새에 가난한 청년이었으나 생활이 바르고 뜻이 곧은 성실한 젊은이였다. 가실은 마을을 오가며 설씨녀를 보고 사모하는 마음을 품고 있었다. 그런데 아버지가 전쟁터에 가게 되어 설씨녀가 걱정 속에 살고 있다는 소문을 들었다. 가실은 설씨녀를 찾아와 자신을 소개하며 그녀의 아버지 대신 군대에 가고자 하니 허락해달라고 청하였다.

설씨녀가 그 소리를 듣고 기뻐하며 병든 아버지에게 알렸다. 아버지가 가실을 만나 말했다. "딸 아이 말로는 젊은이가 늙은 나를 대신하여 군대를 간다고 하니 이 은혜를 어찌 갚을 수 있을지 모르겠소.

만약 그대가 어리석고 가난하다는 이유로 버리지 않는다면 우리 딸아이를 아내로 삼는 것이 어떻겠소?" 뜻밖의 말을 들은 가실은 "제가 감히 바랄 수 없는 일이나, 따님과의 혼인은 저의 소원이기도 합니다."

가실이 설 씨 앞을 물러 나와 설씨녀를 보고 언제 혼인하면 좋을지 물었다. 설씨녀가 조용히 대답하였다. "혼인은 사람 사는 중에 가장 큰 일이니 서둘러 급하게 할 수 없습니다. 제가 이미 마음으로 혼인을 허락했으니 죽는 한이 있어도 변하지 않을 것입니다. 부디 종군하시고 돌아오시거든 좋은 날을 골라 혼례를 치르도록 하시지요." 설씨녀는 지니고 있던 거울을 꺼내 두 조각으로 쪼개더니 한 조각을 가실에게 주면서 이것을 신표(믿음의 증거) 삼아 훗날 만나거든 맞춰보지고 하였다. 가실에게는 말이 한 필 있었는데 설씨녀에게 그 말을 맡기며 말하였다. "천하에 드문 좋은 말입니다. 내가 없는 동안 돌봐주기 바랍니다. 나는 걸어서 종군해야 하니 이 말은 두고 가야 합니다. 훗날 이 말이 잘 쓰이길 바랍니다." 두 사람은 서로 작별을 하고 가실은 전쟁터로 떠났다.

전쟁이 끝나고 3년이 지났다. 아직 가실은 돌아오지 않았다. 나라에서 군인을 교대해 주지 않았기 때문이다. 그렇게 가실이 떠난 지 6년이 되어갔다. 설 씨는 점점 딸이 걱정되었다. 가실이 떠날 때 3년이면 돌아올 줄 알았는데 6년이 지나도록 돌아오지 못하는 것을 보니 가실이 죽어 못 오는 것이라고 여겼다. 설 씨는 딸에게 이제 가실은 잊고 좋은 사람 만나 결혼하라고 하였다. 그러자 설씨녀는 지난날 아버지를 모시기 위하여 가실과 혼인을 약속하였고, 가실은 그 말을 믿고 아버지를 대신하여 여러 해 동안 전쟁터를 다니며 굶주림과 추위에 고생하였을 텐데, 아직 돌아오지 않았다고 그 약속을 저버리고 다른 사람과 혼인할 수 없다고 하였다.

설 씨는 그러나 자신은 점점 늙고 쇠약해지고 딸은 혼인할 나이가 지나게 되니 아버지로서 걱정이 되었다. 자신이 죽으면 누가 어린 딸을 돌볼까 생각하며 돌아오지 않는 가실보다는 혼자 남게 될 어린 딸을 걱정하였다. 결국 아버지는 설씨녀 몰래 마을 사람의 청혼을 받아들이고 혼인 날짜를 정하였다. 혼인하기로 한 날이 되자 설씨녀가 눈치채고 몰래 도망가려 했으나 그만 들키고 말았다. 설씨녀는 가실을 생각하며 그가 맡기고 간 말을 보려고 마구간으로 갔다. 말을 쓰다듬으며 다른 사람과 혼인해야 하는 자신의 처지에 눈물을 흘렸다.

그때 마을 입구에 비쩍 마른 거지 한 명이 비틀거리며 들어왔는데 아무도 그를 거들떠보지 않았다. 형편없는 몰골의 남자는 곧장 설씨녀의 집으로 향했다. 가실이 돌아온 것이었다. 아버지도 설씨녀도 너무나 달라진 가실의 모습을 알아보지 못하자 가실은 깨진 거울 조각을 꺼내 보여주었다. 설씨녀는 놀라움과 반가움에 감격하여 흐느껴 울었다. 설씨녀의 아버지도 매우 기뻐하며 돌아온 가실을 반겼다. 두 사람은 혼례를 치르고 일생을 함께 살았다.

12. 전생과 이생의 부모에게 효도한 김대성

(불교에서 지금 사는 이 세상을 이생이라 하고, 태어나기 전에 먼저 살았던 세상을 전생이라고 한다)

신라의 수도 경주에 있는 마을 모량리에 경조라는 여인이 아들과 단둘이 살고 있었다. 아이는 태어날 때부터 남보다 머리가 크고 이마가 유난히 넓어 커다란 성벽과 같다고 해서 이름을 '대성'이라고 불렀다. 경조라는 여인의 집안은 가난하여 아들 대성은 어려서부터 마을의 큰 부잣집에서 일하면서 그 집에서 떼어 준 밭을 경작하여 먹고 살았다.

어느 날 흥륜사의 승려 점개가 대성이가 일하고 있는 부잣집 대문 앞에서 시주(승려에게 물건을 베풀어 주는 일)를 부탁하였다. 그러자 주인 복안은 점개 스님을 반갑게 맞으며 부처님에게 베 50필을 바쳤다. 승려 점개가 시주를 받고 한 가지를 베풀면 만 배를 얻는 법이니, 안락한 생활을 누리면서 오래오래 사시게 될 거라는 덕담을 남기고 돌아갔다. 마당에서 일하고 있던 대성은 승려의 말이 마음속에 깊게 남았다.

집으로 돌아온 대성은 어머니에게 부잣집에서 있었던 일을 말하고 "어머니, 한 가지를 베풀면 만 배를 얻는다는데 지금 우리가 이렇게 힘들게 사는 것은 분명 우리가 전생에 복을 짓지 않은 까닭입니다. 그러니 지금 또 복을 짓지 않는다면 다음 생에서도 여전히 힘든 삶을 살 것입니다. 우리도 다음 생을 위하여 지금 시주를 하는 것이 좋겠습니다." 하였다. 어머니가 그 말을 옳다고 여기고 집 안의 유일한 재산인 밭을 시주하기로 하였다. 대성이는 곧 흥륜사의 점개 스님을 찾아

가서 밭을 시주하였다. 점개 스님은 대성이에게도 한 가지를 베푸니 만 배를 얻을 것이라며 오래오래 잘 살 것이라며 복을 빌어 주었다.

그런데 얼마 후 어린 대성은 그만 죽고 말았다. 그리고 그날 경주에서 부자로 소문난 김문량의 집에 이상한 기운이 감돌더니 '모량리 대성이란 아이가 너의 집에서 태어나리라' 하는 소리가 들렸다. 김문량은 너무나 또렷한 소리를 듣고 무슨 일인지 궁금하여 모량리에 사람을 보내 사정을 알아보게 하였다. 다녀온 하인은 모량리에 대성이란 아이가 어린 나이에 갑자기 죽었다는 이야기를 하였는데, 그날은 집에서 이상한 소리를 들었던 날과 같았다. 이후 김문량의 부인은 임신하여 열 달 만에 사내아이를 낳았다. 아이는 주먹을 꼭 쥐고 태어나 7일 만에 손을 폈는데 손바닥에 대성이란 글자가 씌어 있었다. 김문량은 아이 이름을 대성이라고 짓고 모량리에 사는 대성의 어머니였던 경조 부인을 데려와 대성이를 같이 키웠다.

김문량의 집에서 태어난 대성이는 부족함 없는 소년 시절을 보내고, 그 어머니 경조 부인도 대성이를 돌보며 풍족한 생활을 누렸다. 청년이 된 대성이는 사냥 다니기를 좋아하였다. 하루는 토함산에 올라가 사냥을 하면서 큰 곰 한 마리를 잡았다. 기분이 좋은 대성이는 잡은 곰을 끌고 산을 내려와 그날 밤은 토함산 아래 한 마을에서 쉬기로 하였다. 종일 사냥으로 지친 대성은 금세 잠이 들더니 곰의 습격을 받는 꿈을 꾸었다. 놀란 대성이 열심히 도망갔지만 곧 곰에게 잡히고 말았다. 그런데 그 곰은 분명 자신이 죽인 곰이었다. 곰은 나를 왜 죽였냐며 너도 죽이겠다고 하였다. 대성이는 곰의 말에 너무 놀라 살려달라고 애원했다. 대성은 내가 죽으면 나를 낳아주신 두 어머님과 아버님의 상심이 크니 제발 용서해 달라며 자신이 전생과 이생의 두 부모님을 모시고 있는 사정을 말하였다. 이야기를 들은 곰은 두 분의 부모님을 생각해서 목숨은 살려준다면서 대신 자기를 위하여 절을 세우고 명복을 빌어달라고 하였다. 대성은 목숨만 살려주면 무엇이든 하겠다고 약속하였다. 그 순간 대성은 잠에서 깼다. 대성이 입은 옷은 땀으로 흠뻑 젖어 있었다.

너무나 생생해서 꿈같이 느껴지지 않았다. 대성은 깊이 느낀 바가 있어 앞으로 사냥은 절대 하지 않겠다고 다짐하였다. 그리고 꿈속에서 약속한 대로 곰을 잡았던 곳에 절을 세우고 '장수사'라고 이름을 지어 자기가 죽인 곰의 명복을 빌며 불경을 늘 가까이하였다.

세월이 흘러 전생의 어머니와 이생의 부모님이 돌아가셨다. 대성은 돌아가신 부모님을 위해 할 수 있는 일은 절을 세워 명복을 비는 일이라 생각하고 절을 짓기 시작하였다. 대성은 이승의 부모님을 위해 불국사를 짓고, 전생의 부모님을 위해서 석불사를 지었다. 석불사는 석굴암이라고도 한다.

대성은 두 절에 모실 불상도 정성껏 조각하였다. 여느 때처럼 불상 제작에 땀 흘리던 어느 날, 다듬고 있던 커다란 돌이 세 조각으로 갈라졌다. 돌이 갈라져 조각을 못 하게 된 것을 안타까워하던 대성은 어느덧 잠이 들었다. 그런데 그가 잠이 든 밤사이에 천신이 내려와 쪼개진 돌로 불상 조각을 완성하고 사라졌다. 잠에서 깨어 불상을 본 대성은 감격하며 천신이 사라진 남쪽 고개로 급히 달려가 향나무를 태우며 천신에게 큰절을 올렸다. 지금도 그곳을 향을 피운 고개라고 하여

석굴암

'향령'이라고 부른다.

김대성의 효심이 담긴 불국사와 석불사(석굴암)가 지금도 경주에 남아 있다. 전생과 이승의 두 부모님을 위하여 절을 짓고 불상을 조각한 김대성의 지극한 효 이야기는 여전히 많은 사람의 사랑을 받고 있다.

3부
한국의 세시풍속

세시풍속은 해마다 같은 시기에 반복적으로 돌아오는 오래된 풍습을 말한다. 한국은 사계절이 뚜렷한 나라로 농업이 경제의 중심이었다. 20세기 초까지만 해도 농작물을 심고 가꾸는 전통적인 생활방식이 이어져 오면서 농사가 나라 경제의 가장 큰 바탕이자 중심이었다. 20세기가 지나면서 한국은 농업국가를 벗어나 산업국가로 탈바꿈했다. 철강과 조선 중심의 제조업을 비롯해서 IT 같은 지식산업 등이 급성장하면서 그동안 농업이 차지하고 있던 한국 경제의 중심 역할을 산업이 대신하게 되었다.

이러한 변화는 당연히 생활방식에도 영향을 주었다. 과거 농사를 짓던 사람들이 농촌을 떠나 산업이 발달한 도시로 이동하고, 국제무역으로 외국과의 교류가 활발해지면서 새로운 도시문화가 발전하였다. 도시문화는 때로는 전통문화와 나란히 또는 앞서거니 뒤서거니 하면서 한국문화의 새로운 모습을 만들어 가고 있다. 전통문화 일부가 새로운 물결에 희미해지기도 하고, 전통문화와 도시문화가 서로 공존하면서 조화를 찾기도 하고, 도시문화가 갖지 못한 전통문화의 아름다움이 새삼 재조명되기도 한다.

한국의 세시풍속은 계절에 따라, 농사일에 따라 깊은 영향을 받아 형성되었다. 농업은 가족을 중심으로 많은 일손이 필요하므로 대가족이 형성되고 공동체 생활이 사회의 기본구조가 되었다. 따라서 한국의 세시풍속은 농사일과 밀접하게 관계 맺고 있으며 공동체 생활에 필요한 질서와 예절이 세시풍속에 그대로 반영되어 있다. 계절에 맞춰서 해야 하는 농사일을 고된 생업이 아니라 풍성한 결실을 기원하며 동네 사람들의 땀과 흥이 담긴 마을 축제로 받아들였고, 이것이 때에 따라 반복되면서 세시풍속으로 자리 잡게 되었다.

농경국가에게는 일조량(햇볕이 내리쬐는 양)과 강수량(비, 눈 따위로 일정 기간 동안 내리는 물의 총량)이 매우 중요하다. 한국도 마찬가지다. 하늘의 변화는 농민들에게는 먹고 사는 문제와 직결되어 있어 주기적인 천체의 변화 모습, 즉 역법을 이해하는 것이 무엇보다 중요한 일이었다. 한국의 역법은 달의 움직임을 음(陰)으로 하고 해의 움직임을 양(陽)으로 한 '태음태양력'을 기본으로 삼았다.(음의 기준이 최고에 이른 것을 '태음', 양의 기운이 가장 강한 것을 '태양'이라고 한다) 달이 지구를 한 바퀴 돌아 제자리에 오는 데 걸리는 30일을 한 달로 정하고, 지구가 태양을 한 바퀴 돌아 제자리로 오는 365일을 일 년으로 삼았다. 1년은 다시 12달로 구분하고 한 달 30일은 15일씩 나누어 12달을 24절기로 세분하였다. 이렇게 정한 24절기마다 해야 하는 농사일에 따라 마을 사람이 한마음으로 서로 도우며 일할 수 있도록 음식이나 놀이를 곁들였다. 이것이 오랜 세월 지속되면서 한국의 세시풍속으로 정착되어 오늘날까지 이어져 오고 있다.

1. 설날

한 해를 시작하는 음력 1월 1일을 '설' 또는 설날이라고 한다. 설날은 조상에게 차례를 지내는 것으로부터 시작된다. 설날 아침 여러 음식과 과일, 술 등을 차려 놓고 절을 한다. 지금은 술과 음식을 준비하지만 옛날에는 '차'를 올리며 제사를 지냈기 때문에 '예의를 갖춰 차를 올린다'는 의미로 '차례'라고 부른 것이다. 설날에는 멀리 집을 떠나 있던 사람들도 고향을 찾아 가족과 친척들이 모여 함께 차례를 지낸다.

설차례상

차례가 끝나면 웃어른께 절을 하는데 이를 '세배'라고 한다. 세배는 새해를 맞이하여 첫인사를 드리는 것으로 가장 웃어른에게 먼저 절을 올린다. 아버지 · 어머니가 먼저 할아버지 · 할머니께 세배를 드린다. 이어서 손자들이 할아버지와 할머니께 절을 한 다음 아버지 · 어머니께 세배를 드린다. 세배를 드릴 때는 한 해 동안 건강하고 원하는 일이 잘 이루어지길 바라는 인사말을 나눈다. 이를 '덕담'이라고 한다.

떡국과 가래떡

또 어른들은 아랫사람에게 '세뱃돈'이라는 용돈을 주기도 한다.

설날 아침에는 '떡국'을 먹는다. 흰 쌀로 둥글고 긴 가래떡을 만든 다음 납작하게 썰어 끓인다. 길고 둥근 가래떡은 장수를 의미한다. 가래떡을 둥그렇게 써는 것은 옛날 동전 모양을 본뜬 것으로, 부자로 오래 살라는 뜻을 담았다고 한다. 아침에 떡국 한 그릇을 먹어야 비로소 나이를 한 살 먹었다고 말한다.

떡국으로 아침을 먹은 후에는 친척 어른과 마을 어른들을 찾아다니며 세배하는 것이 또 하나의 설날 풍경이다. 대도시에서는 보기 어려워졌으나 지방에서는 아직도 동네 어른들에게 세배드리는 풍습이 유지되고 있다. 동네 전체가 함께 즐기던 설날이 도시화되고 핵가족화되면서 점차 가족과 소수 친척 중심의 명절이 되고 있다.

설날 마시는 명절 음료로는 식혜와 수정과가 대표적이다. 식혜는 엿기름과 설탕을 재료로 한 것으로 달콤한 맛이 나므로 단술 또는 감주라고도 한다. 추운 겨울날 밖에 보관하기 때문에 마실 때 살얼음이

식혜와 수정과

떠 있어 시원하게 마시는 별미다. 수정과는 계피와 생강을 끓여 만드는 전통 음료의 하나다. 아이들이 달콤한 식혜를 좋아하는 반면에 어른들은 향이 진하고 매운맛도 있으나 건강에 좋은 수정과를 즐겨 마신다. 추운 겨울철 별미였지만 요즘은 사시사철 마시는 음료수가 되었다.

복조리와 복주머니

설에는 집집마다 '복조리'를 달아두기도 하였다. 조리는 대나무와 싸릿가지를 엮어서 만든 주방 도구로 밥을 짓기 전 쌀을 씻을 때 돌 같은 이물질을 걸러내는 데 사용하였다. 새해가 되면 이 조리를 선물로 주고받는데 이를 '복조리'라고 불렀다. 조리로 복을 건져 새로운 일 년 동안 풍족하고 평안하게 지내라는 뜻을 담고 있다. 오늘날에는 기계를 이용해 쌀을 골라내기 때문에 주방기구로 사용되지는 않지만 복을 전해준다는 상징적 의미에서 지금도 설날에 주고받는 대표적인 민속용품이다.

설이 있는 겨울철은 추수가 끝나고 다음 모내기까지 바쁜 농사일이 없는 농한기다. 마음도 시간도 여유로운 때로 마을 사람들이 다 같이 어울려 놀기에도 좋은 시간이다. 따라서 설에 즈음해서는 놀이문화가 다양하게 펼쳐졌다. 대표적으로 윷놀이, 널뛰기, 제기차기 등이 있다.

2. 정초 민속놀이

한 해가 시작되는 1월을 정월(음력으로 한 해의 첫째 달)이라고 하는데, 이때 다양한 민속놀이가 펼쳐진다. 대표적인 놀이로 윷놀이, 널뛰기, 제기차기, 연날리기 등이 있는데 이런 전통놀이는 지금도 많은 사람들이 즐기고 있다.

윷놀이

윷놀이는 두 사람 이상이 편을 짜서 차례대로 돌아가면서 하는 놀이다. 윷판을 그려놓고, 윷을 던져서 나온 수대로 말을 전진하는 것인데, 말 네 개가 윷판을 먼저 돌아서 나오는 편이 승리하는 것이다. 말을 두 개 이상 겹쳐서 움직일 수도 있는데 이것을 '업는다'라고 한다. 말을 앞으로 보내는 것도 중요하지만, 뒤따라오는 상대편 말에게 잡히지 않도록 말판을 잘 활용하는 것도 게임 요령이다.

윷은 둥근 나무를 15센티쯤 크기로 토막을 낸 다음 다시 가운데를 기준으로 두 쪽으로 쪼갠다. 그러면 한 면은 둥글고 다른 면은 평평한 모양이 된다. 이 모양의 윷이 4개 필요하다. 4개의 윷을 높이 던져 땅에 떨어진 안팎의 모양을 보고 5등급으로 나눈다. 평평한 면 한 개가 위로 젖혀지면 도, 두 개가 젖혀지면 개, 세 개면 걸, 4개면 윷이 된다. 4개 모두의 평평한 면이 바닥 쪽으로 엎어지면 모라고 한다. 모가 나오면 말이 5칸 옮겨갈 수 있고, 윷은 4칸, 걸은 3칸, 개는 2칸 도는 1칸 앞으로 옮겨간다. 윷이나 모가 나왔을 때는 한 번 더 던질 수 있고, 상대편 말을 쫓아가 잡았을 때도 기회가 한 번 더 주어진다.

윷놀이

말이 가는 길을 그려놓은 종이를 윷판 또는 말판이라고도 한다. 말판은 한쪽이 5칸으로 된 정사각형 모양이다. 네면 전체가 20칸이고 가운데 중앙을 만나는 점으로 X형태로 5칸씩 총 29칸으로 되어 있다.

윷놀이는 남녀 모두 즐길 수 있었고, 마당이나 방 안이나 어디서든 가능하였다. 특히 설을 전후로 주로 겨울에 자주 했지만, 오늘날에는 계절과 상관없이 여러 사람이 모이는 자리에서 즐기는 인기 있는 민속놀이다.

널뛰기와 제기차기

널뛰기는 여자들의 놀이였다. 먼저 멍석(짚으로 사각 형태로 만든 큰 깔개)을 둘둘 말아 대체로 30cm 이상 높이를 만든다. 멍석을 가운데 놓고 그 위에 직사각형의 나무판(널이라고 한다)을 올린다. 두 명의 여성이 널 양 끝에서 서서 한 명이 하늘 위로 뛰어오르면 반대쪽 사람은 아래로 땅에 닿게 된다. 뛰어오른 사람이 떨어지면서 나무판을 밟으면 땅에 닿아 있던 사람이 반대로 하늘로 튀어 오른다. 이렇게 서로 오르내리며 즐기는 놀이다.

널뛰기

제기차기

널뛰기가 여자들의 놀이라면 제기차기는 남자들이 하는 민속놀이다. 가운데 구멍을 낸 동전을 종이나 헝겊으로 돌돌 말아서 동전 구멍에 끼워 넣은 다음 종이나 헝겊 끝을 가늘게 자르면 제기가 완성된다. 한 발로 제기를 차면서 떨어뜨리지 않고 많이 차는 사람이 이기는 놀이다.

연날리기

한국에서는 한 달을 셋으로 나누어 초순, 중순, 하순이라고 한다. 순은 열(10)을 뜻한다. 이에 상순은 1일에서 10일까지, 중순은 11일에서 20일까지, 하순은 21일에서 한 달의 마지막 날까지를 가리킨다. 한 달 30일을 기준으로 10일씩 셋으로 나누어 부르는 것이다. 한편 한 달을 둘로 나누어 그 중간인 15일을 '보름'이라고 부르기도 한다. 즉, '보름'은 그달의 열닷새째(15일) 되는 날을 말하는데, 보름 가운데 특히 1월에 맞는 보름을 '대보름' 혹은 '정월 대보름'이라고 부른다. 정월은 음력으로 한 해의 첫째 달인 1월을 말한다.

연날리기는 보통 설날에서 대보름 사이에 가장 많이 한다. 연은 창호지와 대나무 그리고 실로 만든다. 적당한 크기의 종이를 사각형 모양으로 자르고 가운데를 동그랗게 오려낸다. 가늘게 깎은 대나무를 가로와 세로에 하나씩 대각선 방향으로 2개를 엮어 뼈대를 만들고 그 위에 종이를 붙인다. 연의 위아래 쪽 좌우에 실을 매고 반달 모양으로 약간 조이면서 한 곳에 연결하면 연이 완성된다.

연줄을 감는 데 쓰는 도구를 '얼레'라고 하는데 연실을 얼레에 감아 연이 바람에 날리는 대로 실을 풀었다 감았다 하면서 연놀이를 즐긴다. 연을 예쁘게 꾸미기 위해 색을 칠하거나 그림을 그리기도 하며, 색색의 점을 찍거나

종이를 가늘고 길게 오려서 꼬리를 달기도 한다. 연을 날려 싸움을 하기도 한다. 상대의 연줄에 내 연줄을 감아 밀고 당기면서 상대 연줄을 끊는 시합으로, 실이 끊어지는 편이 지는 것이다.

정월 대보름에는 연줄을 풀어 멀리 날려 보내기도 한다. 연에 그해의 액운(나쁜 일이나 운)을 실어 멀리 보내거나 또는 소원을 적어 하늘 높이 띄운 다음 연줄을 끊는다. 연이 멀리 사라지면 연 주인에게서 액은 사라지고 복이 찾아온다고 해서 이런 풍습이 전해지고 있다.

3. 정월 대보름

정월 대보름은 음력 1월 15일이다. 음력으로 정월(正月)은 새해 첫 달, 바른 달이란 뜻으로 1월을 말한다. 새해 첫 번째 맞이하는 15일은 특별히 정월 대보름이라고 한다. 한국은 달의 변화를 기준으로 날짜를 계산했다. 달의 변화에 따라 이름을 달리해서 불렀고, 그 이름에 따라 날짜도 달리 불렀다. 달이 점점 커지는 초승달–반달(상현달)–보름달로 그달의 한가운데 이르고, 보름달에서 다시 점점 작아지는 반달(하현달)–그믐달로 그달이 끝나게 된다. 달 이름에 맞춰 1일은 초하루, 15일은 보름, 마지막 날은 그믐으로 부르기도 한다. 특히 보름달은 꽉 찬 달로 바른 기운이 가득한 날이라 반기는데, 새해 첫 번째 보름달은 특히 큰 기운 가득하다고 하여 정월 대보름이라 하고 명절로 삼았다.

정월 대보름은 설날만큼 중요한 날이다. 모든 세시풍속의 절반 이상이 정월에 집중되어 있고, 그 반 넘는 것이 정월 대보름에 진행된다. 설날은 한 해가 시작되는 날로 큰 의미가 있지만, 달의 움직임을 기준으로 하는 한국 사회에서는 첫 보름달이 뜨는 대보름날도 설날 못지않게 의미 있는 날로 인식되었다. 이날은 많은 사람이 모여 다양한 놀이를 하며 대보름을 위해 만든 별식을 즐겼다.

정월 대보름에 먹는 대표적 음식으로 오곡밥과 약밥, 묵은 나물, 복쌈, 부럼, 귀밝이술이 유명하다. 오곡밥은 찰밥이라고도 하는데 찹쌀 및 보리, 수수, 기장, 팥 등 다섯 가지 곡식을 섞어서 지은 밥이다.

평소에는 쌀 한 가지로 짓거나 잡곡 한 가지를 섞어 밥을 하지만, 정월 대보름날에는 다섯 가지 이상의 곡식을 넣어 오곡밥을 지어 주위 사람들과 나누어 먹는다.

오곡으로 밥을 짓고 나물은 아홉 가지를 준비한다. 가을부터 말려 두었던 나물을 볶아 양념을 넣어 무쳐 먹는다. 복을 한곳에 모아 담는다는 의미로 배춧잎이나 김에 여러 음식을 싸서 먹기도 하는데 이 쌈을 '복쌈'이라고 한다. 또 정월 대보름에는 평소에 세 번 먹던 밥을 아홉 번 먹는다. 성이 다른 세 집의 밥을 먹어야 그해의 운수가 좋다고 해서 집집마다 돌아다니며 동네 사람들이 지어준 오곡밥을 나눠 먹는다. 이때 아홉이라는 숫자는 가장 큰 숫자로 농사를 시작하기 전에 풍년을 소망하는 상징적 숫자였다.

이날은 또 약밥을 만들어 먹는다. 찹쌀을 물에 불려 찐 다음 꿀, 참기름, 대추, 밤 따위를 넣고 다시 한번 찐 밥이다. 약식 또는 까치밥이라고도 부르는데 까치밥의 유래는 옛 신라시대에서 비롯되었다. 정월 대보름날 까치가 왕에게 위험을 알려주어 죽음을 피했다는 이야기가 전해지는데, 이 까치의 은혜에 보답하려고 정월 대보름마다 까치밥을 정성껏 지어 새들이 오가는 곳에 놓았다고 한다.

약밥(약식)

이날에는 아침에 일어나자마자 밤이나 잣, 호두, 땅콩 등을 깨물어 먹거나 던지기도 한다. 딱딱한 열매를 통틀어 부럼이라 하고 이것을 깨물면 한 해 동안 이가 튼튼하고 몸에 부스럼이 생기지 않는다고 믿었다. 이외에 아침에 차가운 술도 한 모금 마신다. 귀가 밝아지고 귓병이 생기지 않으며 한 해 동안 좋은 소식을 듣게 된다고 하여 어린아이까지도 술 한 모금 마셨다. 이를 '귀밝이술'이라고 부른다.

정월 대보름에 즐기는 놀이도 다양하다. 달맞이, 지신밟기, 쥐불놀이, 줄다리기 등이 대표적인 대보름맞이 민속놀이다. 달맞이는 마을 높은 산 위에 올라 보름달을 맞이하면서 소원을 비는 것이다. 온 가족이 다 같이 참여한다. 지신밟기는 마을의 풍요를 비는 제사로 땅의 신에게 올리는 제사다. 제사를 올리고 나서 마을 곳곳을 돌아다니며 집 마당에서 풍요로운 한해를 기원하였다고 한다.

대보름 풍속으로 쥐불놀이도 빼놓을 수 없다. 새해 농사를 시작하기 전 논밭에 불을 피워 불의 세기로 농사의 풍흉을 점치기도 하였고, 쥐를 비롯한 해충을 제거하여 새싹이 잘 자라게 하려는 목적에서 행해졌다. 요즘 사용하는 달력은 1일, 2일, 3일 등 날짜가 적혀 있는데 옛 달력에는 날짜를 표시하는 숫자 외에 쥐, 소, 호랑이 등 12마리의 동물 이름을 적거나 그림이 그려져 있었다. 그림에 있는 동물이 그날 하루를 상징하여 쥐의 날, 소의 날, 호랑이의 날로 삼았고, 정월 첫 쥐의 날에 하는 불놀이라고 하여 쥐불놀이라고 불렀다.

온 마을 사람들이 참가하는 줄다리기도 인기 있는 민속놀이다. 줄다리기는 여러 사람이 두 편으로 갈라서 굵은 밧줄을 마주 잡고 서로 자기 쪽으로 당겨서 승부를 겨루는 놀이다. 줄다리기가 시작될 때면 마을 사람들이 넓은 마당으로 모이는데, 이때 농악대가 앞장서서 풍악을 울린다. 신호가 울리면 지휘자의 구령에 따라 힘을 겨룬다. 마을이 한 팀이 되어 시합을 해서 이기는 마을에 풍년이 든다고 하여 모두 힘껏 줄을 당겼다. 줄을 자기 쪽으로 많이 당긴 편이 이긴다. 또 방향에 따라 동쪽이 이기면 농사가 잘되고 서쪽이 이기면 고기가 많이 잡힌다는 말도 있다. 많은 사람의 협력이 필요한 농사를 본격적으로 시작하기 전에 마을의 단합을 꾀한 것이라고 한다. 줄다리기했던 밧줄은 썰어서 논에 거름으로 뿌리면 풍년이 든다고 하였고, 고기잡이 떠나는 뱃사공이 줄 한 토막을 가지고 가면 물고기가 많이 잡힌다고 하여 사가는 어부도 있었다고 한다.

줄다리기

오곡밥/나물

4. 한식(寒食)

동지로부터 105일째 되는 날이 한식이다. 한국 4대 명절 중의 하나로 계절로는 봄이고 날짜로는 대체로 양력 4월 5일경이다. 이날은 조상의 묘를 보살피고 차례를 지내는 날이다. 산소에 잔디를 새로 입히거나 비석을 손질하는 등 묘를 정리하고 나서 과일과 떡 따위를 차려 놓고 차례를 지낸다.

한식에 특이한 점은 이날은 불의 사용을 금지하고 있다는 것이다. 따라서 음식도 찬 것을 그대로 먹게 되어 있다. 한식이라는 말도 '차가운 음식'이라는 뜻이다. 한식의 유래에 대해서는 두 가지 이야기가 전해져오고 있다.

하나는 중국에서 유래했다고 한다. 중국 춘추시대 개자추라는 사람이 진나라의 중이라는 자가 왕이 되도록 도와주었다. 그런데 왕이 되자 중이는 개자추를 무시하였고, 이에 그는 산속에서 은둔생활을 하였다. 시간이 지나 왕이 잘못을 뉘우치고 개자추를 불렀지만 그는 산에서 나오지 않았다. 왕은 개자추를 산에서 나오게 하려고 산에 불을 질렀다. 그런데도 개자추는 나오지 않고 산속에서 불에 타 죽고 말았다. 이 일이 있은 후 나라 사람들이 개자추의 영혼을 기리기 위해 그가 죽은 날은 불을 쓰지 않기로 했다고 한다.

한식의 유래를 불씨를 숭상하던 풍습에서 비롯된 것으로 보기도 한다. 지난 1년 동안 사용해온 불씨를 버리고 새로운 불씨를 마련해서 활기찬 한 해가 되기를 기원하던 행사였다는 것이다. 오래된 불씨를 버리고 새로운 불씨로 바꾸는 동안 불기운이 사라지면서 차가운 음식을 먹게 되었다고 한다. 한식은 동지를 지나 105일째인데, 이날로 정해진 것은 하늘의 28개 별자리 중에 불을 관장하는 심성(전갈자리의 별)이 이때 나타나기 때문이라고 한다.

한식날 농가에서는 나무를 심거나 채소 씨를 뿌려서 새해 농사 준비를 시작한다. 그런데 이날 천둥이 치면 흉년이 들고 나라에도 불행한 일이 생긴다고 걱정을 했다. 오늘날에는 찬 음식을 먹는 전통은 거의 사라졌고 조상의 산소를 찾아 묘를 살피고 제사 지내는 것만 유지되고 있다.

성묘

5. 부처님 오신 날

부처의 탄생을 기념하는 날로 음력 4월 8일이다. 그 날짜에 맞춰 초파일(初八日)이라고도 한다. 과거에는 '석가 탄신일'로도 불렸으나 2018년 '부처님 오신 날'로 공식 명칭을 변경하였다. 부처는 BC 624년 음력 4월 8일 해 뜰 무렵 태어나셨다고 한다. 부처님 오신 날은 오랜 세월 한국의 역사와 함께하면서 종교 행사라기보다는 하나의 전통문화가 되어 불교 신자들만의 축제가 아니라 명절처럼 모든 사람이 함께하는 풍속이 되어 오늘날까지 계속되고 있다.

부처님 오신 날을 기념하기 위해 연등회가 열린다. 등불을 밝혀 부처에게 복을 비는 불교 행사로 신라에서 시작되어 고려시대에 국가적 행사로 자리 잡은 이후 현재까지 이어져 오고 있다. 매년 사월 초파일에 연등 행사가 개최되면 많은 사람이 화려하게 등불을 밝히고 불상,

부처님 오신 날 연등

부처님 오신 날 연등

보살, 코끼리 등 각양각색의 조형물과 다양한 등으로 장식된 대규모 가두행렬이 전국에서 진행된다. 이 가운데 동대문에서 종로, 조계사까지 이어지는 행렬은 규모가 가장 크고 화려한 볼거리를 제공하는 것으로 유명하다.

제15차 유네스코 무형문화유산보호협약 정부간위원회를 통해 2020년 12월 16일 유네스코 인류무형문화유산 대표목록에 등재되었다. 유네스코 무형유산위원회는 연등회가 '시대를 지나며 바뀌어온 포용성으로 문화적 다양성을 보여주는 점', '기쁨을 나누고 위기를 극복하는데 중요한 역할을 수행한다는 점' 등을 높이 평가했다.

6. 단오

단오는 음력 5월 5일이다. 예로부터 한국에서는 음력 3월 3일, 5월 5일, 7월 7일 등 월과 일이 홀수이면서 같은 숫자가 겹쳐지는 날을 '운이 좋고 복된 날'이라 여겨 특별한 날로 즐겨왔다. 그중에서도 5월 5일 단오는 여름철 태양이 가장 뜨거운 때라 농경사회에서 만물이 좋은 기운을 받아 잘 자라는 시기다. 앞에서 본 정월 대보름이 달의 축제라면 단오는 태양의 축제라고 할 수 있다.

이날 각 집에서는 수리취, 쑥 등의 풀로 떡을 만들어 먹고 부채를 선물로 주고받았다. 떡의 모양을 수레바퀴처럼 만들었기 때문에 수리란 이름이 붙은 것이라고 하기도 하고, 수리취라는 풀로 떡을 만들었기 때문에 수리라 불렀다고도 한다. 쑥으로 떡도 해서 먹었지만, 다발로 묶어 대문 옆에 세워 두기도 하였는데, 쑥이 집안으로 들어오는 나쁜 기운을 물리친다고 생각하였다. 한편 단오는 본격적인 여름 더위가 시작되는 시기로 시원한 바람으로 건강한 여름을 보내라는 마음을 담아 부채를 선물했다. 이를 '단오부채'라고 한다.

단오가 되면 여자들은 창포라는 풀을 삶은 물에 머리를 감았다. 창포물에 머리 감으면 머릿결이 윤기가 나고 빠지지도 않아 풍성해진다고 한다. 또 창포 끓인 물은 몸에 좋다고 해서 마시기도 하였다. 창포 뿌리는 잘라서 비녀로 만들어 머리에 꽂았는데 액운을 멀리하는 뜻에서 붉은색을 칠하고, 비녀에 목숨 '수(壽)'나 복 '복(福)' 글자를 새겨 건강과 행복을 기원하였다.

단오에 남자는 한국 고유의 씨름을 즐겼다. 씨름은 서로 마주 보고 무릎을 꿇고 앉아서 오른손으로 상대 허리띠를 잡고 왼손으로는 오른쪽 다리를 잡고서 신호에 따라 시작한다. 오른쪽 넓적다리에 '샅바'라고 하여 허리와 다리에 둘러 묶어서 손잡이로 쓰는 띠를 걸고 한다. 씨름은 힘과 꾀로 상대를 넘어뜨리는 운동이다. 먼저 바닥에 쓰러지거나 손이 닿으면 지게 된다. 모든 도전자를 물리치면 우승을 하게 된다. 우승한 사람은 '장사'라는 이름을 붙여주고 상으로 황소를 준다. 우승한 장사는 황소를 타거나 앞세우고 당당하게 씨름판을 돈다.

김홍도 〈씨름〉

씨름

7. 삼복

삼복은 초복, 중복, 말복을 말한다. 시기적으로 음력 6월에서 7월로 양력으로 따지면 7월과 8월에 해당한다. 가을의 선선한 기운이 여름의 더운 기운에 굴복한 날이라는 의미에서 복(伏, 엎드리다/굴복하다)날이라고도 부른다. 삼복은 이런 복날이 세 번 온다는 것이다. 첫 번째 복날을 초복이라 하고, 두 번째 복날은 중복, 세 번째 복날을 말복이라 한다. 복날은 열흘 간격으로 오기 때문에 초복과 말복까지는 20일이 걸린다. 그러나 어떤 해에는 중복과 말복 사이에 달이 바뀌면서 20일 간격이 되기도 한다. 이런 경우에는 달을 뛰어넘었다고 하여 월복이라고 한다. 삼복 기간은 여름철 중에서도 가장 더운 시기이기 때문에 몹시 더운 날씨를 가리켜 '삼복더위'라고 한다.

복날에는 더위에 지친 몸의 영양을 보충하기 위하여 특별한 음식을 장만하여 먹는다. 몸보신에 가장 즐겨 찾는 것이 삼계탕과 육개장이다. 닭에 인삼 · 대추 · 은행 · 밤 · 찹쌀 등을 넣고 오래 끓이면 삼계탕이 된다. 소금으로 간하고 기호에 따라 후추를 넣을 수도 있다. 삼계탕은 복날의 특별 음식이었다가 지금은 사시사철 즐겨 먹는 보양식이 되었다. 육개장은 기호에 따라 각종 채소를 넣지만, 원래는 소고기와 고사리나 말린 토란대를 재료로 해서 고춧가루를 듬뿍 넣고 끓인 음식이다. 삼계탕에 비하여 양념으로 맛을 내는데 대체로 맵다. 이처럼 여름 보양식으로 뜨겁고 매운 음식을 먹는 것을 이열치열(以熱治熱)이라고 하는데 '열은 열로써 다스려야 한다'는 옛 가르침에 따른 것이다.

예로부터 한국 사람들은 뜨겁고 매운 것을 먹으면서 땀을 흘려야 허약해진 몸에 원기가 돌아온다고 생각했다.

삼복에는 많은 사람이 물놀이를 즐긴다. 산이 많고 계곡과 냇가가 흔한 한국은 천렵이라는 물놀이를 즐겼다. 천렵은 '냇가'를 뜻하는 '천(川)'과 '사냥'이란 뜻의 '렵(獵)'으로, 냇가에서 물고기 잡으며 시원하게 즐기는 것을 말한다. 물고기를 잡아 뜨겁게 끓여 먹는 것도 삼복의 보양음식이다. 아이들은 물에 발을 담근 채 참외나 수박을 먹으며 더위를 피하기도 한다.

육개장

삼계탕

8. 한가위

한가위는 음력 8월 15일로 추석이나 중추절이라고도 한다. 여름처럼 덥지도 않고 겨울처럼 춥지도 않아서 살기에 가장 알맞은 가을철이며, 봄에서 여름 동안 가꾼 곡식과 과일들이 익어 수확하는 계절이다. 가을에 익은 곡식을 거두어들이면 먼저 햇곡식(그해에 새로 난 곡식)을 조상에게 올리는 차례를 지낸다. 차례가 끝나면 차례에 올렸던 음식을 온 가족이 나누어 먹는다. 이때 차례에 올렸던 술을 한 모금씩 마신다. 이를 '음복(飮福)'이라고 하는데 조상이 내리는 '복을 마신다'는 뜻을 담은 말이다. 아침 식사를 마치고 조상의 산소에 가서 성묘(조상의 묘를 찾아가 손질하고 살피는 일)를 하는데, 추석에 앞서 산소에 가서 풀을 깎는 '벌초'를 한다. 여름 동안 자란 풀이 무성하고 시들어 산불이라도 나면 무덤이 타게 되므로 미리 풀을 베어주는 것이다.

추석도 나름대로 여러 음식을 준비한다. 차례에 올리는 음식은 설날과 큰 차이 없지만, 추수의 계절이라 햇곡식으로 밥 · 떡 · 술을 만든다. 햅쌀(그해에 새로 난 쌀)로 밥을 지으면 맛이 새롭고 기름기가 있으며 떡도 맛이 있다. 추석 떡으로는 송편을 빼놓을 수가 없다. 떡시루에 솔잎을 켜켜이 깔고 떡을 찌므로 소나무를 의미하는 '송(松)'자를 써서 송편이라고 하였다. 떡 반죽 속에 넣는 것을 '소'라고 하는데, 쌀가루를 반죽하여 햇밤이나 풋콩, 깨 등의 소를 반죽 안에 넣고 송편을 빚는다. 송편에 넣는 모든 소는 그해 수확한 것들이다. 송편을 예쁘게 만들면 예쁜 배우자를 만나게 된다고 해서 처녀 · 총각들은 정성을 들인다.

가을 과일로는 감·밤·대추·호두·은행·모과 등 전래의 것이 있고, 요즈음에는 사과와 배가 추가되었다. 밤은 차례상에 올리기도 하고 간식으로 먹기도 한다. 대추는 단맛이 있어 여러모로 쓰였다. 약식에도 넣었으며 약으로 쓰기도 하였다. 호두·은행은 값이 비싸므로 두었다가 정월 대보름날 부럼에 쓰기도 한다. 모과는 약으로 쓰거나 차(茶)로 쓰이고, 술로 담그기도 한다.

추석은 농경생활에서 추수와 조상의 보살핌에 대해 감사 인사를 드리는 날로 가족이 모두 모여 즐기는 명절로 전승되었다. 타향에서 직장 생활을 하거나 결혼해서 분가한 아들딸들이 부모를 뵙기 위해 고향을 찾는다. 명절에 고향을 찾아 많은 사람이 이동하기 때문에 '민족 대이동'이라는 말까지 등장하였다.

추석 무렵은 청명한 날이 계속되는 좋은 계절이고 수확으로 풍요로운 때이기에 사람들의 마음이 유쾌하고 한가해서 여러 놀이를 즐겨 한다. 그 가운데 추석을 대표하는 민속놀이는 강강술래다. 강강술래는 전통적으로 한국의 대표적인 명절 때마다 행해졌으며, 그 가운데 추석에 하는 것이 가장 규모가 컸다.

'강강술래'는 풍작과 풍요를 기원하는 풍속의 하나로, 약 2,000년 전에 남쪽에 있던 나라 마한의 농촌 풍습에서 비롯되었다고 알려졌다. 춤의 이름은 노랫말에서 따왔지만, 그 정확한 뜻은 알려지지 않았다. 밝은 보름달이 뜬 밤에 수십 명의 마을 처녀들이 모여서 손을 맞잡고 둥그렇게 원을 만들어 돌며, 한 사람이 '강강술래'를 먼저 부르면 여러 사람이 이어받아 따라 부른다. 단순한 음률과 동작 때문에 배우기 쉽고, 여성들이 이웃 여성들과 함께 춤추는 가운데 협동심·우정을 나누었다.

강강술래는 달이 뜨는 초저녁부터 달이 지는 새벽까지 계속되었다. 춤이 진행되는 막간에는 농촌이나 어촌의 생활을 표현한 놀이가 진행된다. 예를 들어 '남생이놀이'라 하여 한 사람이 원 안으로 들어가 춤을 추면 다음 사람이 들어가 앞사람의 흉내를 내며 놀았다. 옛날 농촌의 젊은 여성들이 큰소리로 노래를 부르거나 밤에 외출하는 것이 허용되지 않았는데, 한가위에 놀이를 통해 잠깐이나마 해방감을 느끼며 즐길 수 있었다.

강강술래는 역사적 사건과도 관계가 있다. 일본 왜군들이 쳐들어온 1592년 이순신 장군은 여자들에게 밤에 모닥불을 가운데 두고 강강술래를 하도록 했다. 깜박거리는 수많은 그림자를 보고 일본 왜군은 이순신 장군의 병력이 대규모라 착각하고 겁을 먹어 아군이 승리하는 데 도움을 주었다고 한다.

강강술래는 중요무형문화재로 지정되고 국가의 문화·교육 정책에 힘입어 남서쪽 지방에서 주로 진행하던 것에서 벗어나 전국으로 확산되었다. 오늘날 강강술래는 초등학교의 음악 교육과정에 담겨 있으며, 전국의 민간 축제에서뿐만 아니라 많은 중·고·대학교에서도 널리 행해지고 있다. 현재 한국 전역에서 펼쳐지는 공연 예술로서 강강술래는 한국의 대표적인 민속 예술이라 할 수 있다.

강강술래

9. 동지

동지는 양력으로 대개 12월 21일이나 22일이다. 일 년 중 밤이 가장 길고 낮이 가장 짧은 날이다. 즉 동지가 지나면 낮이 점점 길어지고 본격적인 추위가 시작된다. 낮이 다시 길어진다는 의미에서 태양의 기운이 새로 부활하는 날이라 여겨 설 다음가는 '작은 설'이라고 하였다. 이런 이유로 오늘날에도 "동지가 지나야 한 살 더 먹는다." 또는 "동지팥죽을 먹어야 진짜 나이를 한 살 더 먹는다"라고 말한다. 동지는 날씨가 춥고 밤이 길어 호랑이가 짝짓기를 한다고 하여 '호랑이 장가가는 날'이라고도 부른다. 호랑이는 열이 많은 동물이라 추운 동지에 짝을 맺는다고 한다.

동지를 대표하는 음식은 팥죽, 즉 '동지팥죽'이다. 밤이 가장 긴 날이라는 것은 가장 어두운 날이고, 어둠은 귀신들의 기운이 강한 때라서 붉은 팥의 기운으로 귀신을 쫓으려고 먹던 음식이다. 붉은 팥죽을 쑤어 조상님께 먼저 올리고 대문이나 벽, 마당 귀퉁이에 뿌리며 무사히 겨울나기를 기원한 음식이다. 집안의 여러 곳에 놓아두었다가 식은 다음에 식구들이 모여서 먹는다. 팥죽을 쑤어먹지 않으면 쉬이 늙고 잔병이 생기며 잡귀가 성행한다는 민간신앙에 따른 것이다.

동지팥죽은 팥을 고아 죽을 만들고 여기에 찹쌀로 단자라는 작은 떡을 만들어 넣어 끓이는데, 단자는 새의 알만한 크기로 하기 때문에 '새알심'이라 부른다. 강원도에서는 팥죽에 넣는 새알심으로 찹쌀이나 수수쌀로 만든 '옹심'을 넣어 나이 수대로 먹는다. 동지에는 팥죽을 먹고 다가오는 새해를 준비하라는 뜻에서 달력을 선물하기도 한다. 농사의 시작에 필요한 달력을 나누어 주는 것으로 오늘날도 동지에는 여전히 팥죽을 먹고 달력을 나누어준다.

팥죽

저자소개

마석한

독일 Friedrich-Alexander-Universität Erlangen-Nürnberg대학교

철학박사(역사학/교육학)

서정대학교 유아교육과 교수

저서: 『삼국유사 제왕운기 삼국사기로 보는 단군과 고조선』(공저), 『역사고전으로 만나는 주몽, 동명왕』(공저), 『처음으로 만나는 한국문화』(공저), 『나의 역사인문학』, 『생각하고 쓰고 다듬는 글쓰기』, 『걸어온 역사 나아갈 역사』, 『어떤 부모가 되어야 하는가』(공저), 『인문학카페』(공저)

김호숙

독일 Friedrich-Alexander-Universität Erlangen-Nürnberg대학교

철학박사 수료(역사교육/박물관교육)

중고등학교 역사교사, 대학 강의교수

저서: 『삼국유사 제왕운기 삼국사기로 보는 단군과 고조선』(공저), 『역사고전으로 만나는 주몽, 동명왕』(공저), 『처음으로 만나는 한국문화』(공저)

한국문화의 멋과 맛

초판 1쇄 인쇄 / 2021년 12월 17일
초판 1쇄 발행 / 2021년 12월 22일

저　자 / 마석한 · 김호숙
그　림 / 마솔화
발행인 / 이 중 수
발행처 / 동 문 사

서울특별시 서대문구 홍제원 1길 12
(홍제동 137-8)
Tel : 02)736-3718(대), 736-3710, 3720
Fax : 02)736-3719
등록번호 : 1974. 04. 27. 제9-17호
가격 : 13,000원

ISBN : 979-11-6328-370-6 (93380)
E-mail : dong736@naver.com
www.dongmunsa.com